ÜLIMAALSED TUUNIKALA SALATID

Suurendage oma maitseid 100 erakordse tuunikalasalatiga

Jelena Karu

Autoriõigus materjal ©2024

Kõik õigused kaitstud

Ühtegi selle raamatu osa ei tohi mingil kujul ega vahenditega kasutada ega edastada ilma kirjastaja ja autoriõiguse omaniku nõuetekohase kirjaliku nõusolekuta, välja arvatud ülevaates kasutatud lühikesed tsitaadid. Seda raamatut ei tohiks pidada meditsiiniliste, juriidiliste või muude professionaalsete nõuannete asendajaks.

SISUKORD

SISUKORD 3
SISSEJUHATUS 6
TUUNIKALASALATI HAMMUTUSED JA VÕILEIVAD 7
   1. Päikesekuivatatud tomati ja tuunikala salativõileib 8
   2. Tuunikalasalat kreekeritel 10
   3. Tuunikalasalati võileivad kurgiga 12
   4. Avokaado tuunikala salat Mini Pita taskutes 15
   5. Tuunikalasalati salati wrapid 17
   6. Suitsune kikerherne tuunikala salat 19
   7. Maitseb nagu tuunikala salativõileivad 21
   8. Tuunikalasalati paadid _ 23
   9. Tuunikala ja oliivi salati võileib 25
   10. Merekarp salat tuunikalaga 27
TUUNIKALASALATIKAUSID 29
   11. Tuna Sushi Bowl s mangoga 30
   12. Kaisen (värske sashimi riisikausil) 32
   13. Tuunikala avokaadoga sushikauss 34
   14. Vürtsikas tuunikala sushikauss 36
   15. Dekonstrueeritud vürtsikas tuunikala sushikauss 38
   16. Sered Tuna Sushi Bowl s 40
   17. Vürtsikas tuunikala ja redise sushikauss 42
   18. Tuunikala ja arbuusi sushikauss 44
AHI TUUNIKALASALATID 46
   19. Ahi tuunikala salat 47
   20. Ahi tuunikala Tataki salat sidruni Wasabi kastmega 49
   21. Armas kihiline tuunikalasalat 51
SINILINE TUUNI SALAT 53
   22. Praetud hariliku tuuni salat Niçoise 54
   23. Harilik tuun oliivi ja koriandri maitsega 56
   24. Vahemere hariliku tuuni salat 58
TUUNIKANASTEAK SALAT 60
   25. Dekonstrueeritud Nicoise salat 61
   26. Tuunikala ja valge oa salat 63
   27. Grillitud estragoni tuunikala salat 66
   28. Grillitud tuunikala Nicoise salat 68
   29. Lehtsalati ja grillitud tuunikalasalat 70
   30. Pipraga tuunikala steigid Korea stiilis salatiga 72
   31. Praetud värske tuunikala salat 74
ALBAKORI TUUNIKANA KONSERVID 77
   32. Albacore banaani ananassi salat 78

33. Albacore pasta salat 80
34. Tuunikala nuudli salat 82
35. Chow Mein tuunikala salat 84
36. Mostaccioli salat Nicoise 86
37. Rõngasnuudli ja Pimento tuunikala salat 88
38. Vahusta tuunikalasalat 90
39. Makaroni tuunikala salat 92
40. Palja lumeherne tuunikala salat 94
41. Neptuuni salat 96
42. Kreemjas paprika ja tomati tuunikala salat 98
43. Olio Di Oliva tuunikala salat 100
44. Tuunikala Tortellini salat 102
45. Kesklinna tuunikala salat 104

MUUD TUUNIKANAKONSERVID 106

46. Päikesekuivatatud tomati ja tuunikala salat 107
47. Itaalia tuunikala salat 109
48. Aasia tuunikala salat 111
49. Rooma tuunikala salat 113
50. Madala süsivesikusisaldusega eelroog tuunikala salat 115
51. Tuunikalasalati toiduvalmistamine 117
52. Kiivi ja tuunikala salat 119
53. Antipasto tuunikala salat 121
54. Artišoki ja küpse oliivi tuunikala salat 123
55. Rõngasmakaroni tuunikala salat 125
56. Avokaadosalat tuunikalaga 127
57. Barcelona riisi tuunikala salat 129
58. Külm tuunikalapasta salat Bowtie Maciga 131
59. Musta oa tuunikala salat 133
60. Pruuni riisi ja tuunikala salat 135
61. Kikerherne tuunikala salat 137
62. Tükeldatud salat tuunikalaga 139
63. Klassikaline salat Nicoise tuunikalaga 141
64. Kuskussi kikerherne ja tuunikala salat 143
65. Tuunikala, ananassi ja mandariini salat 145
66. Värske tuunikala ja oliivi salat 147
67. Tuunikala avokaado seene ja mango salat 149
68. Kreeka peedi- ja kartulisalat 151
69. Kreeka stiilis tuunikala salat 153
70. Hawaii stiilis makaronisalat 155
71. Tervislik brokkoli-tuunikala salat 157
72. Segaoa ja tuunikala salat 159
73. Itaalia Antipasto salatikauss 161
74. Jaapani tuunikala Harusume salat 163
75. Tuunikala ja anšoovise salat Nicoise 165

76. Ülejäänud Maci salat tuunikala lõunaks 167
77. Keedumuna ja tuunikala salat 169
78. Vahemere tuunikala antipasto salat 171
79. Vahemere tuunikala salat 173
80. Laetud Nicoise salat 175
81. Õuna-, jõhvika- ja muna-tuunikala salat 177
82. Pasta salat grillitud tuunikala ja tomatitega 179
83. Penne salat kolme ürdi, kappari ja tuunikalaga 181
84. Oa, pruuni riisi ja tuunikala salat 183
85. Kartulisalat tuunikalaga 185
86. Vanamoodne tuunikalasalat 187
87. Risotto riisi salat artišoki, herneste ja tuunikalaga 189
88. Magus N pähkline tuunikala salat 191
89. Tuunikala Mac salat 193
90. Tangy N Tart tuunikala salat 195
91. Madala rasvasisaldusega Itaalia tuunikalasalat 197
92. Tuunikala spinati salat 199
93. Tuunikala-pipra pasta salat 201
94. Tuunikala õunasalat 203
95. Tuunikala avokaado ja 4 oa pasta salat 205
96. Tuunikala Orzo salat 207
97. Tuunikala tomati ja avokaado salat 209
98. Tuunikala Waldorfi salat õunaga 211
99. Tuunikala ja kikerhernesalat Pestoga 213
100. Ziti tuunikala salat 215

KOKKUVÕTE 217

SISSEJUHATUS

Tere tulemast tutvuma "ÜLIMAALSED TUUNIKALA SALATID", mis koosneb 100 erakordsest loomingust, mis on loodud teie maitseelamuste tõstmiseks ja klassikalise tuunikalasalati uueks määratlemiseks. See kokaraamat on teie teejuht sellesse armastatud roa mitmekülgsuse, maitsete ja loovuse uurimiseks. Liituge meiega kulinaarsel teekonnal, mis läheb tavapärasest kaugemale, muutes tuunikalasalati erakordseks ja veetlevaks kogemuseks.

on teie käsutuses mitmekesine koostisainete, tekstuuride ja maitsete valik. "ÜLIMAALSED TUUNIKALA SALATID" ei ole ainult retseptide kogum; see on võimaluste uurimine, mis tekivad, kui kombineerite kvaliteetset tuunikala uuenduslike koostisosadega. Olenemata sellest, kas olete tuunikalasalati austaja või keegi, kes soovib seda klassikalist rooga uuesti kujutleda, on need retseptid loodud selleks, et inspireerida loovust ja rahuldada teie kulinaarset iha.

Iga retsept tähistab tuunikalasalati taasleiutamise erinevaid viise, alates maitsvatest Vahemere roogadest kuni Aasiast inspireeritud naudinguteni ja rikkalikest proteiinist pakatavatest kaussidest kuni värskendavate suveelamusteni. Olenemata sellest, kas plaanite kerget lõunasööki, elavat õhtusööki või otsite lihtsalt rahuldavat suupistet, on see kokaraamat teie tuunikalasalati uutesse kõrgustesse viimiseks.

Liituge meiega ja määratleme uuesti tuunikalasalati piirid, kus iga looming annab tunnistust lõpututest võimalustest ja maitsvatest kombinatsioonidest, mis teie köögis ees ootavad. Niisiis, koguge oma värsket
koostisosad, võta oma loovus omaks ja asume kulinaarsele seiklusele läbi "ÜLIMAALSED TUUNIKALA SALATID".

TUUNIKALASALATI HAMMUTUSED JA VÕILEIVAD

1. Päikesekuivatatud tomati ja tuunikala salativõileib

KOOSTISOSAD:
- 2 viilu leiba
- 1 purk tuunikala, nõrutatud
- 2 spl tükeldatud päikesekuivatatud tomateid
- 1 spl majoneesi
- 1 tl Dijoni sinepit
- Sool ja pipar maitse järgi

JUHISED:
a) Segage väikeses kausis tuunikala, majonees, Dijoni sinep, sool ja pipar.
b) Lisa ühe leivaviilu peale päikesekuivatatud tomatid.
c) Määri tuunikala segu päikesekuivatatud tomatite peale.
d) Tõsta peale teine saiaviil.

2.Tuunikalasalat kreekeritel

KOOSTISOSAD:
- 7 untsi tuunikala purki
- 3 supilusikatäit rapsiõli
- ¼ tassi veekastaneid, hakitud
- 1 1/2 supilusikatäit punast sibulat, peeneks hakitud
- 1/2 tl sidrunipipart
- 1/4 tl kuivatatud tilli umbrohtu
- 16 kreekerid
- 2 rohelist salatilehte, rebitud
- Värske till, kaunistuseks

JUHISED:
a) Pane tuunikala segamisnõusse ja püreesta soovitud suurusega tükkideks.
b) Lisage majonees, kastanid, sibul, sidrunipipar ja tillirohi ning segage, kuni see on ühendatud.
c) Aseta iga kreekeri peale tükk rebitud salatit ja seejärel 1 spl tuunikalasalatit.
d) Kaunista soovi korral värske tilli umbrohutükiga. Serveeri.

3.Tuunikalasalati võileivad kurgiga

KOOSTISOSAD:
- 2 pikka inglise kurki
- 1 spl punase veini äädikat
- 1/4 tavalist jogurtit
- 1/4 hakitud tilli
- 1/4 sellerilehtedest
- 1 supilusikatäis ekstra neitsioliiviõli
- Kosher sool
- Värskelt jahvatatud must pipar
- 2 viilutatud talisibulat
- 2 supilusikatäit majoneesi
- 1 vars viilutatud sellerivart
- 1/2 tl sidrunikoort
- 2 viis untsi purki heledat tuunikala, nõrutatud
- 1/2 tassi lutserni idud

JUHISED:

a) Valmistage kurgid ette. Teil on kaks võimalust kurkide valmistamiseks, mida kasutatakse selle tuunikalavõileiva leiva asemel. Kui teete eelroa võileibu, peaksite kurgi lihtsalt koorima ja seejärel viilutama horisontaalselt veerandtollisteks viiludeks. See valik annab teile suurema hulga väiksemaid tuunikala võileibu. Teise võimalusena, kui soovite teha tuunikala võileiba, võite kurgid pikuti poolitada. Seejärel kopeerige seemned ja viljaliha välja, et teha väikesed paadid, kuhu tuunikala segu panna. Torka kahvliga veidi seest, et kurk rohkem maitset endasse tõmbaks.

b) Sega vinegrett. Vahusta keskmise suurusega kausis sinep, äädikas, sool ja must pipar. Seejärel vahustage aeglaselt oliiviõli. Viimasena vala vinegrett kurgile.

c) Valmista tuunikala täidis. Alusta tuunikala nõrutamisest. Loputage seda hästi külma veega ja pange seejärel kõrvale. Vahusta väikeses kausis majonees, jogurt, till, sellerilehed, talisibul, seller, sidrunikoor, veerand teelusikatäit soola ja näpuotsaga musta pipart. Viska tuunikala kaussi ja sega seejärel kõik koostisosad kokku .

d) Pane võileivad kokku. Kui valmistate eelroa versiooni, asetage iga kurgiviilu peale tuunikala segu ja seejärel paar idu.

e) Seejärel lisage peale veel üks viil armsa väikese võileiva saamiseks.

f) Kui teete alamstiilis tuunikala võileiba, täitke kurgipaadid tuunikala seguga ja lisage seejärel idud. Lisa peale teine pool kurgist. Söö ja naudi!

4.Avokaado tuunikala salat Mini Pita taskutes

KOOSTISOSAD:
- 1 purk tuunikala, nõrutatud
- 1 küps avokaado, purustatud
- ¼ tassi tükeldatud sellerit
- ¼ tassi kuubikuteks lõigatud punast sibulat
- 1 spl sidrunimahla
- Sool ja pipar maitse järgi
- Mini pita taskud

JUHISED:
a) Sega kausis tuunikala, püreestatud avokaado, tükeldatud seller, kuubikuteks lõigatud punane sibul, sidrunimahl, sool ja pipar.
b) Sega hästi, kuni kõik koostisosad on ühtlaselt segunenud.
c) Lõika minipita taskud pooleks, et tekiks taskud.
d) Toppige avokaado-tuunikala salat minipita taskutesse.
e) Paki avokaado tuunikala salat lõunakarbi mini pita taskutesse.

5.Tuunikalasalati salati wrapid

KOOSTISOSAD:
- 2 purki tuunikala, nõrutatud
- ¼ tassi paleosõbralikku majoneesi
- 2 spl hakitud sellerit
- 2 spl hakitud punast sibulat
- 2 tl Dijoni sinepit
- Sool ja pipar, maitse järgi
- Suured salatilehed (nt jäämägi või Romaine)

JUHISED:
a) Sega kausis nõrutatud tuunikala, paleosõbralik majonees, tükeldatud seller, hakitud punane sibul ja Dijoni sinep.
b) Sega korralikult läbi ja maitsesta soola ja pipraga.
c) Laota salatilehed mähisteks välja.
d) Täida iga leht tuunikalasalati seguga.
e) Mähiste loomiseks keerake salatilehed kokku.

6.Suitsune kikerherne tuunikala salat

KOOSTISOSAD:
KIKERATUUN:
- 15 untsi. konserveeritud või muul viisil keedetud kikerhernestest
- 2-3 supilusikatäit piimavaba maitsestamata jogurtit või veganmajoneesi
- 2 tl Dijoni sinepit
- 1/2 tl jahvatatud köömneid
- 1/2 tl suitsupaprikat
- 1 spl värsket sidrunimahla
- 1 sellerivars tükeldatud
- 2 sibulat hakitud
- Meresool maitse järgi

SANDWICH KOOSTAMINE:
- 4 tükki rukkileiba või idandatud nisuleiba
- 1 tass imikute spinatit
- 1 avokaado viiludeks või kuubikuteks
- Sool + pipar

JUHISED:
a) Valmista kikerherne-tuunikala salat
b) Köögikombainis vahustage kikerherneid, kuni need sarnanevad jämeda ja mureda tekstuuriga. Tõsta kikerherned lusikaga keskmise suurusega kaussi ja lisa ülejäänud toimeained ning sega, kuni need on hästi segunenud. Maitsesta rohke meresoolaga oma maitse järgi.
c) Tee oma võileib
d) Laota igale leivaviilule kihiti beebispinat; lisa ühtlaselt laiali mitu kuhjaga kikerherne-tuunikala salatit. Tõsta peale avokaadoviilud, paar tera meresoola ja värskelt jahvatatud pipart.

7.Maitseb nagu tuunikala salativõileivad

KOOSTISOSAD:
- 1½ tassi keedetud või 1 (15,5 untsi) purk kikerherneid, nõrutatud ja loputatud
- 2 selleriribi, hakitud
- ¼ tassi hakitud sibulat
- 1 tl kapparid, nõrutatud ja tükeldatud
- 1 tass vegan majoneesi
- 2 tl värsket sidrunimahla
- 1 tl Dijoni sinepit
- 1 tl pruunvetikapulbrit
- 4 salatilehte
- 4 viilu küpset tomatit
- Sool ja pipar
- Leib

JUHISED:
a) Püreesta keskmises kausis kikerherned jämedalt. Lisa seller, sibul, kapparid, ½ tassi majoneesi, sidrunimahl, sinep ja pruunvetikapulber. Maitsesta soola ja pipraga maitse järgi. Segage, kuni see on hästi segunenud. Katke ja jahutage vähemalt 30 minutit, et maitsed seguneksid.

b) Kui olete serveerimiseks valmis, määrige ülejäänud ¼ tassi majoneesi iga leivaviilu ühele küljele. Laota neljale saiaviilule kihiti salat ja tomat ning jaota kikerhernesegu nende vahel ühtlaselt. Tõsta iga võileiva peale ülejäänud leivaviil, majoneesi pool allpool, lõika pooleks ja serveeri.

8.Tuunikalasalati paadid

KOOSTISOSAD:
- 6 tervet beebitilli hapukurki või 2 suurt tervet hapukurki
- 5 untsi tükk valget tuunikala
- ¼ tassi majoneesi
- ¼ tassi kuubikuteks lõigatud punast sibulat
- 1 tl suhkrut või mett

JUHISED:
a) Lõika terved hapukurgid pikuti otsast lõpuni pooleks. Lõika või kraapige lusika või koorimisnoaga hapukurgi mõlemast küljest seest välja, et luua ülejäänud hapukurgikoorega paadi kuju.
b) Tükelda väljakraabitud sisemus ja aseta segamisnõusse. Immuta paberrätikuga hapukurgipaatidest ja tükeldatud sisetükkidest üleliigsed mahlad.
c) Nõruta tuunikala põhjalikult ja lisa kaussi. Vajutage kahvliga suurteks tükkideks. Lisa majonees, punane sibul, hakitud hapukurk ja suhkur või mesi (valikuline) ning sega korralikult tuunikalasalati moodustamiseks.
d) Tõsta igasse hapukurgipaati lusikaga tuunikalasalat. Jahuta ja serveeri või serveeri kohe.

9.Tuunikala ja oliivi salati võileib

KOOSTISOSAD:
TUUNIKALASALATI JAOKS:
- 1/4 tassi majoneesi
- 2 spl värsket sidrunimahla
- 2 (6 untsi) purki heledat tuunikala, mis on pakitud oliiviõlisse, nõrutatud
- 1/2 tassi tükeldatud nõrutatud villitud röstitud punast paprikat
- 10 Kalamata või muud soolvees kuivatatud musta oliivi, kivideta ja pikuti ribadeks lõigatud
- 1 suur selleriribi, tükeldatud
- 2 spl peeneks hakitud punast sibulat
- Pepperoncini paprika (nõrutatud ja jämedalt tükeldatud) - valikuline

VÕILEIVALE:
- 1 (20-24-tolline) baguette
- 2 spl oliiviõli
- Roheline salat (teie lemmik)

JUHISED:
VALMISTA TUUNIKALASALATI:
a) Klopi suures kausis kokku majonees ja sidrunimahl.
b) Lisa ülejäänud salati koostisosad ja sega õrnalt läbi. Maitsesta soola ja pipraga.

KOKKU VÕILEIBAD:
c) Lõika baguette neljaks võrdseks pikkuseks ja poolita iga tükk horisontaalselt.
d) Pintselda lõigatud küljed õliga ning maitsesta soola ja pipraga.
e) Valmistage võileibu baguette'i, salati ja tuunikalasalatiga.

10.Merekarp salat tuunikalaga

KOOSTISOSAD:
- 8 untsi koorega makaronid, kuumtöötlemata
- 1 tass hakitud porgandit
- 3/4 tassi tükeldatud rohelist pipart
- 2/3 tassi viilutatud sellerit
- 1/2 tassi hakitud rohelist sibulat
- 1 6 1/8 untsi tuunikalakonservi vees, nõrutatud ja helvestatud
- 1/4 tassi pluss 2 supilusikatäit madala rasvasisaldusega tavalist jogurtit
- 1/4 tassi vähendatud kalorsusega majoneesi
- 1/4 tl selleriseemneid
- 1/4 teelusikatäit soola
- 1/4 tl pipart
- Käharaleheline salat

JUHISED:
a) Küpseta makaronid vastavalt pakendi juhistele , jättes kõrvale soola ja rasva; äravool. Loputage külma veega ja nõrutage hästi.
b) Kombineerige makaronid, porgand ja järgmised 4 koostisosa; viska õrnalt.
c) Segage jogurt ja järgmised 4 koostisosa; sega põhjalikult. Lisage pasta segule, segage õrnalt. Kata ja jahuta korralikult.
d) Serveerimiseks tõsta lusikaga pastasegu salatiga vooderdatud salatiplaatidele.

TUUNIKALASALATIKAUSID

11.Tuna Sushi Bowl s mangoga

KOOSTISOSAD:
- 60 ml sojakastet (¼ tassi + 2 supilusikatäit)
- 30 ml taimeõli (2 supilusikatäit)
- 15 ml seesamiõli (1 supilusikatäis)
- 30 ml mett (2 supilusikatäit)
- 15 ml Sambal Oeleki (1 supilusikatäis, vaata märkust)
- 2 tl värsket riivitud ingverit (vt märkust)
- 3 talisibulat, õhukeselt viilutatud (valged ja rohelised osad)
- 454 grammi sushiklassi ahi tuunikala (1 nael), kuubikuteks lõigatud ¼ või ½ tolliseks
- 2 tassi sushiriisi, keedetud vastavalt pakendi juhistele (asendage mis tahes muu riisi või teraviljaga)

VALIKULISED LISANDID:
- Viilutatud avokaado
- Tükeldatud kurk
- Edamame
- Marineeritud ingver
- Tükeldatud mango
- Kartulikrõpsud või wontoni krõpsud
- seesamiseemned

JUHISED:
a) Sega keskmises kausis kokku sojakaste, taimeõli, seesamiõli, mesi, Sambal Oelek, ingver ja talisibul.
b) Lisa segule kuubikuteks lõigatud tuunikala ja sega läbi. Lase segul vähemalt 15 minutit või kuni 1 tund külmkapis marineerida.
c) Serveerimiseks tõsta sushiriis kaussidesse, tõsta peale marineeritud tuunikala ja lisa meelepärased lisandid.
d) Lisandite peale niristamiseks tuleb lisakastet; serveeri seda kõrvale.

12.Kaisen (värske sashimi riisikausil)

KOOSTISOSAD:
- 800 g (5 tassi) maitsestatud sushiriisi

TÄIDISED
- 240 g (8½ untsi) sashimi-kvaliteediga lõhet
- 160 g (5½ untsi) sashimi kvaliteediga tuunikala
- 100 g (3½ untsi) sashimi-kvaliteediga meriahvenat
- 100 g (3½ untsi) keedetud krevette (krevette)
- 4 punast redist, hakitud
- 4 shiso lehte
- 40 g (1½ untsi) lõhemari

SERVEERIMA
- marineeritud ingver
- wasabi pasta
- sojakaste

JUHISED:
a) Lõika lõhefilee 16 viiluks ning tuunikala ja meriahven kumbki 12 viiluks. Lõika kindlasti üle tera, et kala oleks pehme.
b) Serveerimiseks jaga sushiriis nelja kausi vahel ja tasandage riisi pind. Tõsta peale lõhe, tuunikala, meriahven ja krevetid (krevetid), mis on jaotatud kattuvateks viiludeks.
c) Kaunista hakitud punase redise, shiso lehtede ja lõhemarjaga.
d) Serveeri marineeritud ingveriga suulae puhastajana ning maitse järgi wasabi ja sojakastmega.

13. Tuunikala avokaadoga sushikauss

KOOSTISOSAD:
- 1 avokaado, kooritud ja kividest puhastatud
- 1 laimi värskelt pressitud mahl
- 800 g (5 tassi) maitsestatud pruuni sushiriisi
- 1 šalottsibul või punane sibul, peeneks hakitud ja vees leotatud
- peotäis segasalatilehti
- 2 supilusikatäit šalottsibula laastud (valikuline)

tuunikala
- 1 spl riivitud küüslauku
- 1 spl riivitud ingverit
- 2 spl taimeõli
- 500 g (1 naela 2 untsi) sashimi-kvaliteediga tuunikala steigi meresoola ja värskelt jahvatatud musta pipart

RIIDEMINE
- 4 supilusikatäit riisiäädikat
- 4 spl lahjat sojakastet
- 4 supilusikatäit mirini
- 4 tl röstitud seesamiõli
- 1 laimi värskelt pressitud mahl
- 1 tl suhkrut
- näputäis soola

JUHISED:

a) Tuunikala valmistamiseks sega väikeses kausis kokku küüslauk, ingver ja õli. Määri see iga tuunikalatüki mõlemale poolele, seejärel maitsesta soola ja pipraga.

b) Kuumuta küpsetuspann kuumaks ja prae tuunikala praed mõlemalt poolt 1 minut, kui see on haruldane.

c) Laske tuunikala jahtuda, seejärel lõigake see 2 cm (¾-tollisteks) kuubikuteks.

d) Kastme valmistamiseks sega kõik koostisosad kokku.

e) Lõika avokaado suurteks kuubikuteks, seejärel pigista peale laimimahl, et viljaliha pruuniks ei läheks.

f) Tõsta pruun sushiriis kaussidesse ja tõsta peale tuunikalakuubikud, avokaado, šalottsibul või punane sibul ja segatud lehed. Vala kaste peale vahetult enne serveerimist. Lisa krõmpsumiseks peale šalottsibula laastud, kui kasutad.

14.Vürtsikas tuunikala sushikauss

KOOSTISOSAD:
TUUNIKALA JAOKS:
- 1/2 naela sushi-klassi tuunikala, lõigatud 1/2-tollisteks kuubikuteks
- 1/4 tassi viilutatud talisibul
- 2 spl vähendatud naatriumisisaldusega sojakastet või gluteenivaba tamari
- 1 tl seesamiõli
- 1/2 tl sriracha

VÜRTSIKA MAYO JAOKS:
- 2 spl kerget majoneesi
- 2 tl sriracha kastet

KAUSI JAOKS:
- 1 tass keedetud lühiteralist traditsioonilist sushiriisi või valget sushiriisi
- 1 tass kurki, kooritud ja 1/2-tollisteks kuubikuteks tükeldatud
- 1/2 keskmist Hassi avokaadot (3 untsi), viilutatud
- 2 talisibulat, kaunistamiseks viilutatud
- 1 tl musti seesamiseemneid
- Vähendatud naatriumisisaldusega soja või gluteenivaba tamari, serveerimiseks (valikuline)
- Sriracha, serveerimiseks (valikuline)

JUHISED:
a) Segage väikeses kausis majonees ja sriracha, lahjendage vähese veega, et niristada.
b) Sega keskmises kausis tuunikala talisibula, sojakastme, seesamiõli ja srirachaga. Viska õrnalt kokku ja tõsta kausside valmistamise ajaks kõrvale.
c) Laota kahte kaussi pool riisi, pool tuunikala, avokaado, kurk ja talisibul.
d) Nirista üle vürtsika majoneesiga ja puista peale seesamiseemneid. Serveeri soovi korral ekstra sojakastmega.
e) Nautige selle mõnusa vürtsika tuunikala sushikausi julgeid ja vürtsikaid maitseid!

15.Dekonstrueeritud vürtsikas tuunikala sushikauss

KOOSTISOSAD:
- 1 tass sushiriisi, keedetud
- 1/2 tassi vürtsikat tuunikala, hakitud
- 1/4 tassi edamame ube, aurutatud
- 1/4 tassi redist, õhukeselt viilutatud
- Sriracha majoneesid niristamiseks
- Kaunistuseks avokaado viilud
- Katteks seesamiseemned

JUHISED:
a) Laota keedetud sushiriis kaussi.
b) Aseta peale hakitud vürtsikas tuunikala, aurutatud edamame oad ja viilutatud redised.
c) Nirista kausile Sriracha majoneesid.
d) Kaunista avokaadoviiludega ja puista peale seesamiseemneid.
e) Nautige dekonstrueeritud vürtsikat tuunikala sushikaussi!

16.Sered Tuna Sushi Bowl s

KOOSTISOSAD:
KAUSSI EEST
- 1 nael Irresistibles kõrbenud tuunikala ja tataki
- Sushi riis

MARINAADIKS
- ¼ tassi magusat sibulat, õhukeselt viilutatud
- 1 kallutatult viilutatud sibul (umbes ¼ tassi) ja rohkem kaunistuseks
- 2 küüslauguküünt, hakitud
- 2 tl musta seesamiseemneid, röstitud pluss veel kaunistuseks
- 2 tl india pähkleid (röstitud ja soolamata), hakitud ja röstitud
- 1 punane tšilli hakitud pluss veel kaunistuseks
- 3 spl sojakastet
- 2 spl seesamiõli
- 2 tl riisiäädikat
- 1 tl laimimahla
- 1 spl srirachat pluss veel serveerimiseks
- ¼ teelusikatäit meresoola
- ½ tl punase pipra helbeid (valikuline)

TÄIENDAVAD GARNISEERIMISVAHENDID
- Tükeldatud kurk
- Viilutatud redis
- Viilutatud kapsas
- Merevetikahelbed
- Tükeldatud avokaado
- Edamame

JUHISED:
a) Kombineerige kõik marinaadi koostisosad suures kausis ja lisage röstitud tuunikala viilud ja viskage õrnalt katteks.
b) Kata kaanega ja pane 10-30 minutiks külmkappi.
c) Eemaldage külmkapist ja serveerige valge riisi peal koos soovitud lisandiga ja kuuma kastmega/srirachaga.

17.Vürtsikas tuunikala ja redise sushikauss

KOOSTISOSAD:
- 1 nael sushi-klassi tuunikala, kuubikuteks
- 2 spl gochujang (Korea punase pipra pasta)
- 1 spl sojakastet
- 1 spl seesamiõli
- 1 tl riisiäädikat
- 1 tass daikon redis, julieneeritud
- 1 tass kipsherneid, viilutatud
- 2 tassi traditsioonilist sushiriisi, keedetud
- Kaunistuseks roheline sibul

JUHISED:
a) Vürtsika kastme valmistamiseks segage gochujang, sojakaste, seesamiõli ja riisiäädikas.
b) Viska kuubikuteks lõigatud tuunikala vürtsikas kastmes ja pane 30 minutiks külmkappi.
c) Pane kokku kausid, mille põhjaks on Traditsiooniline Sushi riis.
d) Kõige peale lisa marineeritud tuunikala, julieneeritud daikonrõigas ja viilutatud snaphernes.
e) Kaunista hakitud rohelise sibulaga ja serveeri.

18. Tuunikala ja arbuusi sushikauss

KOOSTISOSAD:
- 1 nael sushi-klassi tuunikala, kuubikutena
- 1/4 tassi kookospähkli aminohappeid (või sojakastet)
- 2 spl laimimahla
- 1 spl seesamiõli
- 2 tassi arbuusi, tükeldatud
- 1 tass kurki, viilutatud
- 2 tassi traditsioonilist sushiriisi, keedetud
- Mündilehed kaunistuseks

JUHISED:
a) Klopi marinaadiks kokku kookosaminood, laimimahl ja seesamiõli.
b) Viska tuunikala marinaadi ja pane 30 minutiks külmkappi.
c) Valmistage kausid, mille aluseks on keedetud traditsiooniline sushiriis.
d) Tõsta peale marineeritud tuunikala, tükeldatud arbuus ja viilutatud kurk.
e) Kaunista värskete piparmündilehtedega ja serveeri.

AHI TUUNIKALASALATID

19.Ahi tuunikala salat

KOOSTISOSAD:
- 1 ahi tuunikala praad, 6 untsi
- 2 tl viie vürtsi pulbrit
- 1 tl grillmaitseainet või soola ja jämedat pipart
- Küpsetussprei või taimeõli
- 5 untsi segatud eelpestud beebisalati rohelisi
- 2 redist, viilutatud
- 1/4 Euroopa kurki, õhukesteks viiludeks
- 1/2 tl wasabipastat
- 1 spl riisiäädikat
- 1 spl sojakastet
- 3 supilusikatäit neitsioliiviõli
- Sool ja värskelt jahvatatud must pipar

JUHISED:
a) Määri tuunikala steik viie vürtsi pulbri ja grillmaitseainega.
b) Prae tuunikala mõlemalt poolt 2 minutit.
c) Sega kausis rohelised, redised ja kurk.
d) Vahusta wasabi, äädikas ja sojakaste väiksemas kausis; kastme valmistamiseks lisa õli.
e) Nirista kaste salatile ja viska peale.
f) Viiluta tuunikala ja laota salatile.

20. Ahi tuunikala Tataki salat sidruni Wasabi kastmega

KOOSTISOSAD:
LEMON WASABI KASTE:
- 1 väike šalottsibul, kooritud ja viilutatud
- 1-2 tl valmistatud wasabit
- 2 spl sojakastet
- 2 spl värsket sidrunimahla
- 1 spl mirin
- 2 spl riisiäädikat
- 1 tl yuzu mahla
- Granuleeritud suhkur, maitse järgi
- 4 spl rapsiõli

tuunikala:
- 12 untsi värsket ahi tuunikala, sashimi kvaliteet
- 2 tl ichimi togarashit (või purustatud punase pipra helbeid)
- 1/2 tl roosat Himaalaja soola
- 1 spl rapsiõli
- 1/2 tassi daikon redise idud, kaunistuseks

SALAT:
- 4 tassi segatud Aasia rohelisi
- 1 tass külmutatud koorega edamame, sulatatud
- 2 spl marineeritud ingverit, julieneeritud
- 1/2 kurki, kooritud, lõigatud õhukesteks ribadeks
- 1 väike pärand tomat, lõigatud väikesteks viiludeks

JUHISED:

a) Lisa kõik kastme koostisosad blenderisse ja sega ühtlaseks massiks.

b) Maitsesta tuunikala portsjonid togarashi ja soolaga. Pruunista tuunikala rapsiõlis ja lõika ühtlasteks viiludeks.

c) Pane rohelised segamisnõusse ja maitsesta kergelt kastmega.

d) Jaotage salat serveerimistaldrikutele, pange peale marineeritud ingver, edamame, kurk ja tomat.

e) Laota ümber tuunikala viilud ja nirista peale veel kastet. Kaunista tuunikala daikoni idudega.

21. Armas kihiline tuunikalasalat

KOOSTISOSAD:
- 2 tundi jahutusaega
- 1–1/2 naela värsket ahi tuunikala fileed, lõigatud 1 tolli paksuseks
- 1 spl ekstra neitsioliiviõli
- 1–1/4 naela väikesed uued Yukon Gold kartulid, õhukeselt viilutatud
- 6 kõrva värsket suhkrumaisi
- 1 tass hakitud värsket koriandrit
- 12 rohelist sibulat, viilutatud
- 1 jalapeno pipar, seemnetest puhastatud ja viilutatud
- Laimi riietus
- 1 keskmine punane paprika, tükeldatud
- Tšilli pulber
- Laimiviilud (valikuline)

LEEMI KASTE:
- 1/3 tassi värsket laimimahla
- 1/3 tassi ekstra neitsioliiviõli
- 1 tl suhkrut
- 1/2 tl soola

JUHISED:
a) Pintselda tuunikala oliiviõliga, puista peale soola ja pipart, seejärel grilli kuni valmis.
b) Küpseta kartuliviilud pehmeks. Lõika maisitõlvikust.
c) Sega väikeses kausis koriander, roheline sibul ja jalapeno; katke ja jahutage.
d) Valmistage laimikaste, vahustades laimimahla, oliiviõli, suhkrut ja soola.
e) Murra tuunikala tükkideks ja aseta ühtlaselt ahjuvormi. Nirista lubikaste.
f) Lisa kartul, mais ja ülejäänud kaste. Puista peale soola ja pipraga.
g) Katke ja jahutage 2-3 tundi.

SINILINE TUUNI SALAT

22.Praetud hariliku tuuni salat Niçoise

KOOSTISOSAD:
SALAT
- 225 g väikseid punaseid kartuleid
- 4 suurt muna
- Suur peotäis segasalatit
- 400g Dinko harilikku tuunikala
- 200 g kirsstomateid
- ½ tassi niçoise oliive
- Sool ja pipar

RIIDEMINE
- 1/3 tassi oliiviõli
- 1/3 tassi punase veini äädikat
- 1 spl Dijoni sinepit

JUHISED:
a) Valage oliiviõli, punase veini äädikas ja Dijoni sinep klaaspurki ning loksutage.
b) Pange munad suurde kastrulisse ja katke veega. Kui vesi keeb, lülitage põleti välja ja laske 10–15 minutit seista. Kurna vesi kastrulist välja, täitke külma veega ja laske seista.
c) Koori ja veerand kartulid, aseta kastrulisse, seejärel kata veega. Kuumuta keemiseni, seejärel alanda kuumust ja hauta 12 minutit.
d) 4. Kuumuta suur malmpann keskmisel-kõrgel kuumusel, seejärel kata pann kergelt küpsetuspritsiga.
e) Määri Dinko Southern Bluefin Tuna pihvid soola ja pipraga ning aseta tuunikala pannile. Prae tuunikala mõlemalt poolt 2 minutit. Aseta ühele küljele ja lase jahtuda.
f) Eemaldage munad veest; koori ja lõika pikuti pooleks.
g) Viiluta tuunikala pihvid üle tera õhukesteks viiludeks.
h) Sega suures kausis kokku tomatid, oliivid, segatud salat ja kartul. Sega õrnalt.
i) Jaga salatisegu nelja taldriku vahel; kõige peale tuunikala viilud ja munad.
j) Nirista üle kastmega ja serveeri.

23. Harilik tuun oliivi ja koriandri maitsega

KOOSTISOSAD:
- 1 naela hariliku tuunikala praad
- 3 Kirby kurki
- 1/2 tassi kivideta segaoliive, lõigatud 1/4-tollisteks kuubikuteks
- 1/4 tassi pakitud värskeid koriandri lehti
- Serveerimiseks 2 spl värsket sidrunimahla ja sidruniviilud
- 1/4 tassi pluss 2 supilusikatäit ekstra neitsioliiviõli
- Jäme sool ja värskelt jahvatatud pipar
- 2 spl soolata võid

JUHISED:
a) Poolita kurgid pikuti, kühveldage välja ja visake seemned ära, seejärel lõigake kurgid 1/4-tollisteks kuubikuteks.
b) Segage väikeses kausis kurgid, oliivid, koriander, sidrunimahl ja 1/4 tassi õli; maitsesta soola ja pipraga. Kõrvale panema.
c) Maitsesta tuunikala steik soola ja pipraga. Kuumuta suur ja raske pann (eelistatavalt malmist) kõrgel kuumusel. Lisage 2 spl õli; kui see hakkab läikima, lisa tuunikala praad. Küpseta 1 minut, seejärel pööra ümber ja küpseta veel 30 sekundit.
d) Lisa 2 spl võid, sulata ja küpseta veel 1 minut. Märkus: meile meeldib meie tuunikala, mida küpsetatakse harva, kui eelistate, et see küpsetatakse keskmisena, lisage oma küpsetusajale paar minutit.
e) Lõika terava noaga tuunikala steik kallal ja serveeri oliivimaitsega.

24.Vahemere hariliku tuuni salat

KOOSTISOSAD:
- 1 nael värsket harilikku tuunikala, sushi kvaliteediga
- 4 tassi segatud salatirohelist (rukola, spinat ja/või kress)
- 1 tass kirsstomateid, poolitatud
- 1/2 kurki, viilutatud
- 1/4 punast sibulat, õhukeselt viilutatud
- 1/4 tassi Kalamata oliive, kivideta
- 2 supilusikatäit kapparid
- 1/4 tassi fetajuustu, purustatud
- 3 spl ekstra neitsioliiviõli
- 2 spl punase veini äädikat
- 1 tl Dijoni sinepit
- Sool ja must pipar maitse järgi

JUHISED:
a) Lõika harilik tuunikala hammustusesuurusteks kuubikuteks.
b) Maitsesta tuunikala soola ja pipraga.
c) Kuumuta pann või grillpann kõrgel kuumusel.
d) Prae tuunikalakuubikuid 1-2 minutit mõlemalt poolt, hoides keskosa harva.
e) Eemaldage tulelt ja laske enne viilutamist paar minutit puhata.
f) Sega suures kausis salatirohelised, kirsstomatid, kurk, punane sibul, oliivid ja kapparid.
g) Sega väikeses kausis oliiviõli, punase veini äädikas, Dijoni sinep, sool ja pipar.
h) Lisa salatile viilutatud tuunikala.
i) Nirista kaste salatile ja sega õrnalt läbi.
j) Puista peale murendatud fetajuust.
k) Serveeri kohe.

TUUNIKANASTEAK SALAT

25.Dekonstrueeritud Nicoise salat

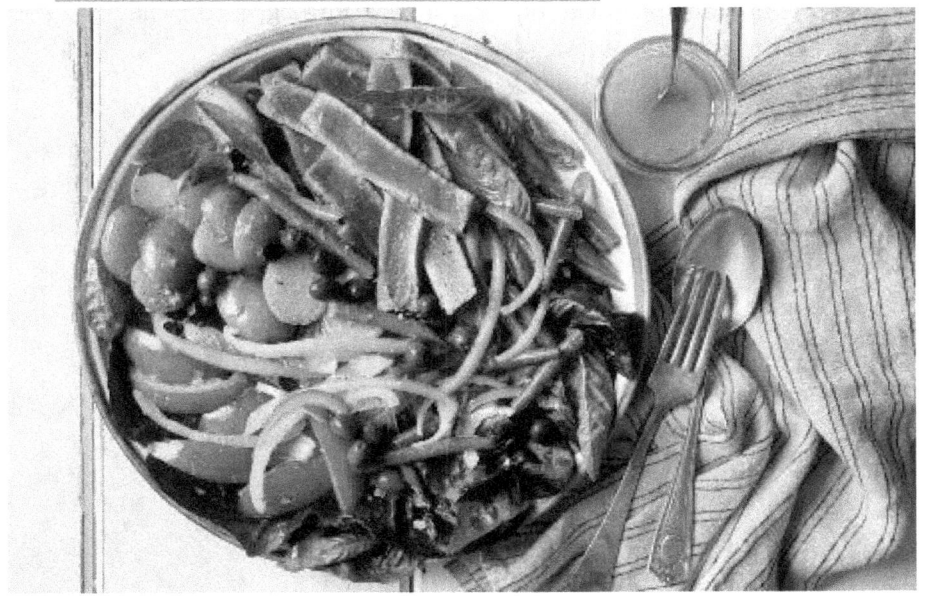

KOOSTISOSAD:
- Tuunikala praed – üks inimese kohta, grillitud oliiviõli, soola ja pipraga
- 2 uut kartulit inimese kohta
- 5-8 uba inimese kohta
- 10 oliivi inimese kohta
- 1 pehme keedetud muna inimese kohta
- Anšoovise majonees

JUHISED:
a) Keeda kartulid ja lõika viiludeks.
b) Koori pehmeks keedetud munad.
c) Blanšeeri oad.
d) BBQ tuunikala praed.
e) Ehitage, viimistledes tuunikala pihvedega.
f) Nirista üle anšoovisemajoneesiga.

26.Tuunikala ja valge oa salat

KOOSTISOSAD:

- 2 (15-untsi) purki cannellini või häid ube, loputatud ja nõrutatud
- 3 suurt roma tomatit, seemnetest puhastatud ja tükeldatud (umbes 1 1/2 tassi)
- 1/2 tassi hakitud apteegitilli, varu lehtedega pealsed
- 1/3 tassi hakitud punast sibulat
- 1/3 tassi apelsini või punast paprikat
- 1 spl tükeldatud apteegitilli lehtede pealseid
- 1/4 tassi ekstra neitsioliiviõli (EVOO)
- 3 spl valge veini äädikat
- 2 spl sidrunimahla
- 1/4 teelusikatäit soola
- 1/4 tl pipart
- 1 (6 untsi) tuunikala praad, lõigatud 1 tolli paksuseks
- soola
- Jahvatatud must pipar
- 1 spl EVOO
- 2 tassi rebitud segatud salatirohelist
- Lehed apteegitilli pealsed

JUHISED:
Salati jaoks:
a) Sega suures kausis oad, tomatid, hakitud apteegitill, punane sibul, paprika ja tükeldatud apteegitilli pealsed; kõrvale panema.
b) Vinaigrette jaoks:
c) Sega keeratava kaanega purgis 1/4 tassi EVOO-d, äädikat, sidrunimahla, 1/4 tl soola ja pipart. Katke ja loksutage korralikult.
d) Vala kaste oasegule; viska õrnalt katteks. Lase 30 minutit toatemperatuuril seista.
Tuunikala puhul:
e) Puista tuunikala, kui kasutad värsket, soola ja pipraga; kuumuta 1 spl EVOO-d keskmisel või kõrgel kohal.
f) Lisage tuunikala ja küpsetage 8–12 minutit või kuni kala kahvliga kergelt helbeks läheb, keerates üks kord. Murra tuunikala tükkideks.
g) Lisa tuunikala ubade segule; viska kombineerida.
h) Serveerima:
i) Vooderda serveerimisvaagen salatirohelisega, tõsta ubasegu lusikaga rohelistele peale.
j) Soovi korral kaunista täiendavate apteegitilli ülaosadega.

27.Grillitud estragoni tuunikala salat

KOOSTISOSAD:
- 1/2 tassi heledat vinegretti või Itaalia salatikastet
- 1 tl. värske hakitud estragon
- 4 (igaüks 6 untsi) värsket tuunikala pihvi, lõigatud 1/2–3/4 tolli paksuseks
- 8 tassi (8 untsi) salatirohelist
- 1 tass tomateid (pisar, viinamari või kirss)
- 1/2 tassi kollaseid paprika ribasid
- 1–3/4 tassi (7 untsi) hakitud Mozzarella ja Asiago juustu röstitud küüslauguga, jagatud

JUHISED:
a) Kombineeri salatikaste ja estragon. Lusikatäis 2 spl kastet tuunikala pihvedele.
b) Grilli tuunikala keskmise tugevusega sütel 2 minutit mõlemalt poolt või kuni see on väljast kõrbenud, kuid keskelt siiski väga roosakas. Sitkumise vältimiseks vältige üleküpsetamist.
c) Kombineerige suures kausis salatirohelised, tomatid, paprika ribad ja 1 tass juustu.
d) Lisa ülejäänud kastmesegu; viska hästi.
e) Tõsta serveerimistaldrikutele, raputa peale tuunikala ja puista peale ülejäänud juust. Serveeri pipraga.

28.Grillitud tuunikala Nicoise salat

KOOSTISOSAD:
- 2 spl šampanjaäädikat
- 1 spl hakitud estragoni
- 1 tl Dijoni sinepit
- 1 väike šalottsibul, peeneks hakitud
- 1/2 tl peent meresoola
- 1/4 tl jahvatatud musta pipart
- 1/4 tassi oliiviõli
- 1 (1 nael) värske või külmutatud ja sulatatud tuunikala praad
- Oliiviõli küpsetussprei
- 1 1/2 naela väikesed uued kartulid, keedetud pehmeks ja jahutatud
- 1/2 naela rohelisi ube, kärbitud, keedetud pehmeks ja jahutatud
- 1 tass poolitatud kirsstomateid
- 1/2 tassi kivideta Nicoise oliive
- 1/2 tassi õhukeselt viilutatud punast sibulat
- 1 kõvaks keedetud muna, kooritud ja viiludeks lõigatud (valikuline)

JUHISED:
a) Vahusta äädikas, estragon, Dijon, šalottsibul, sool ja pipar. Vispelda aeglaselt oliiviõliga vinegreti valmistamiseks.
b) Nirista 2 supilusikatäit vinegretti tuunikala pihvedele, katke kaanega ja jahutage 30 minutit.
c) Pihustage grill küpsetusspreiga ja eelsoojendage keskmisele kuumusele. Grilli tuunikala soovitud küpsuseni (5–7 minutit mõlemalt poolt).
d) Lõika tuunikala suurteks tükkideks. Asetage suurele vaagnale tuunikala, kartul, rohelised oad, tomatid, oliivid, sibul ja muna. Serveeri koos ülejäänud vinegretiga.

29.Lehtsalati ja grillitud tuunikalasalat

KOOSTISOSAD:
LEEMIVIINIGRETT:
- 6 spl laimimahla
- 1,5 spl valge veini äädikat
- 3 spl oliiviõli
- 2 spl vähendatud naatriumisisaldusega sojakastet
- Sool ja värskelt jahvatatud must pipar

tuunikala:
- 4 tuunikala steiki (igaüks 4–5 untsi)
- Mittenakkuv toiduvalmistamissprei

ROHELINE SALAT:
- 8 tassi segatud Bibbi ja Rooma salatit
- 6 suurt nööbikeseent (viilutatud)
- 1/4 tassi viilutatud talisibul
- 1 suur tomat (viiludeks lõigatud)
- 1 purk musti ube (loputatud ja nõrutatud, külm)

JUHISED:
a) Valmistage soja-laimi vinegrett, vahustades laimimahla, äädikat, oliiviõli, sojakastet, soola ja pipart.
b) Pihustage grillresti mittenakkuva küpsetusspreiga ja eelsoojendage keskmisele kõrgele. Maitsesta tuunikala soola ja pipraga.
c) Grilli tuunikala 4-5 minutit mõlemalt poolt. Viiluta tuunikala ribadeks.
d) Sega kausis tuunikala, seened, talisibul ja muud köögiviljad poole vinegrettiga.
e) Eraldi salatikaussi visake salat ülejäänud vinegretiga. Laota peale tuunikala ja köögiviljasegu.
f) Valikuline: puista peale hakitud koriandrit. See salat sarnaneb Black-eyed Peaga, mida serveeritakse midagi sellist.

30.Pipraga tuunikala steigid Korea stiilis salatiga

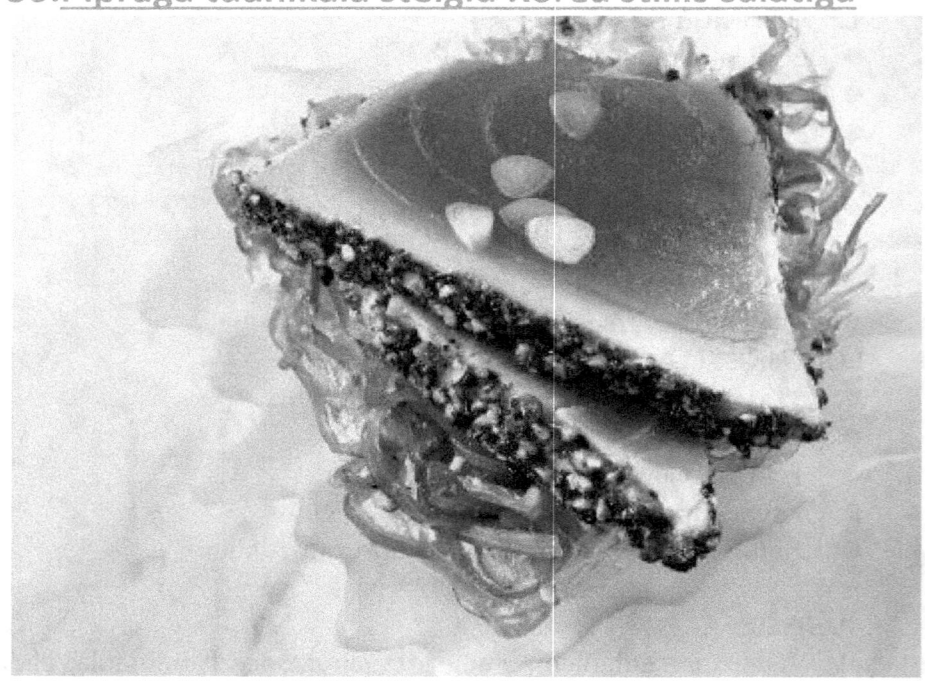

KOOSTISOSAD:
Korea stiilis salat:
- 1/2 tassi hakitud napa kapsast
- 1/4 tassi värskeid oabõrseid
- 1 kurk, kooritud, seemnetest puhastatud ja õhukesteks viiludeks lõigatud
- 1/4 tassi sojakastet
- 1/4 tassi riisiäädikat
- 1 spl hakitud ingverit
- 1 spl hakitud küüslauku
- 1 värske tšillipipar omal valikul, hakitud
- 2 supilusikatäit granuleeritud suhkrut
- 2 supilusikatäit jämedalt hakitud värsket basiilikut
- Sool ja pipar maitse järgi

tuunikala:
- 4 värsket tuunikala steiki
- 1/4 tassi jämedalt jahvatatud pipraterad
- 1/2 tl koššersoola

JUHISED:

a) Segage keskmises kausis kapsas, oad ja kurk.

b) Kombineeri sojakaste, äädikas, ingver, küüslauk, tšillipipar, suhkur, basiilik, sool ja pipar. Klopi korralikult läbi, seejärel lisa kapsa segule just nii palju, et see niisutaks. Segage hästi, katke ja jahutage.

c) Kuumuta broiler kõrgeks. Hõõru tuunikala üle jahvatatud piprateradega ja puista peale soola.

d) Asetage kergelt õliga määritud broileripannile ja hautage, kuni see on oma maitse järgi valmis, umbes 6 minutit mõlemalt poolt.

e) Jaotage salat 4 taldriku vahel, seejärel asetage igale tuunipraad ja serveerige korraga.

31. Praetud värske tuunikala salat

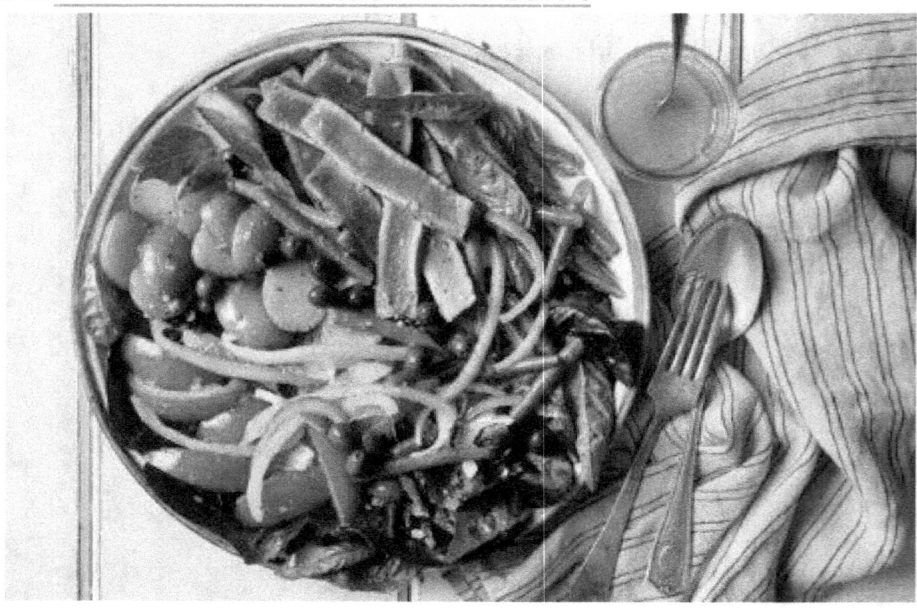

KOOSTISOSAD:
- 3/4 naela beebi- või koorepunast kartulit
- 1/2 naela värskeid rohelisi ube
- 2 supilusikatäit Dijoni sinepit
- 3 spl punase veini äädikat
- 1 supilusikatäis valget mädarõigast
- 2 spl kanapuljongit
- 3/4 naela värske tuunikala steik, 1 tolli paks
- 2 spl seesamiseemneid
- 1 spl oliiviõli
- 8 untsi värskeid beebirohelisi
- 1 küps tomat, lõigatud 2-tollisteks kuubikuteks
- 1/2 prantsuse baguette
- 1/2 teelusikatäit soola
- 1/2 tl värskelt jahvatatud musta pipart

JUHISED:
a) Kuumuta ahi 350-ni.
b) Pese kartulid ja lõika 1-tollisteks kuubikuteks.
c) Peske ja lõigake oad ning lõigake 2-tollisteks tükkideks.
d) Asetage kartulid aurutisse 3-tollise vee kohal, katke pott ja laske vesi keema.
e) Aurutage 5 minutit, seejärel lisage oad ja jätkake aurutamist veel 5 minutit.
f) Sega sinep ja äädikas suures kausis ühtlaseks massiks. Lisa mädarõigas ja puljong, seejärel sega kahvliga ühtlaseks massiks.
g) Lisage soola ja pipart, seejärel lisage kartulid ja oad, kui need on keedetud, ja segage hästi.
h) Peske tuunikala ja kuivatage paberrätikutega, seejärel katke mõlemad pooled seesamiseemnetega.
i) Eelsoojendage keskmiselt mittekleepuvat panni keskmisel kuumusel 2 minutit. Lisa oliiviõli ja prae tuunikala mõlemalt poolt 2 minutit, seejärel soola ja pipart küpsetatud poolt.
j) Katke ja eemaldage kuumusest, seejärel laske 5 minutit seista.
k) Poolita rohelised ja aseta taldrikutele, seejärel tõsta lusikaga kartulid ja oad salatile. Lisa tomatid, seejärel viiluta tuunikala ribadeks ja laota peale.
l) Vala peale ülejäänud kaste ja serveeri baguette'iga.

ALBAKORI TUUNIKANA KONSERVID

32.Albacore banaani ananassi salat

KOOSTISOSAD:
- 3 küpset banaani, tükeldatud
- 1/2 tassi kuubikuteks lõigatud konserveeritud ananassi
- 1 1/2 tassi konserveeritud pikkuim-tuunikala
- 1/4 tassi kuubikuteks lõigatud sellerit
- 1/2 teelusikatäit soola
- 1 spl hakitud hapukurk
- Niisutamiseks majonees

JUHISED:
a) Sega banaanid ja ananass omavahel ning lisa seejärel helbestatud pikkuim-tuim.

b) Murra ülejäänud koostisosad, seejärel kaunista krõbeda salati ja sidruniviiludega.

33. Albacore pasta salat

KOOSTISOSAD:
- 4 tassi keedetud spiraalpastat
- 1 tass Itaalia salatikastet
- 1 tass tomateid, tükeldatud
- 1 tass kurki, tükeldatud
- 1 tass musti oliive, tükeldatud
- 1 tass punast paprikat, tükeldatud
- 2 tassi salatit
- 1 purk pikkuimtuuni

JUHISED:
a) Keeda pasta vastavalt juhistele.
b) Nõruta ja sega salatikastmega. Tõsta 1 tunniks külmkappi.
c) Rebi salat parajateks tükkideks ja pane külmkappi.
d) Sega köögiviljad pastaga, seejärel sega õrnalt tuunikala hulka ja laota kaussi salatile.

34.Tuunikala nuudli salat

KOOSTISOSAD:
- 1-2 purki tuunikala (kõige paremini sobib valge pikkuim)
- 2 tassi keetmata pastat (väikesed kestad või makaronid sobivad suurepäraselt)
- 1/3 kurki (tükeldatuna)
- 1/2 keskmist tomatit (kuubikuteks lõigatud)
- 1 suur porgand (kooritud ja väikesteks tükkideks hakitud)
- 1/3 tassi viilutatud musti oliive
- 1/3 tassi viilutatud rohelisi oliive
- 3 magusat kääbuskurki (õhukeseks viilutatud)
- 1/2 väikest sibulat (hakitud või peeneks hakitud)
- 1/2 tassi salatikastet (Miracle Whip või ilma nimeta)
- Sool ja pipar maitse järgi
- Kõik muud köögiviljad, mis teile meeldivad või mida soovite asendada

JUHISED:
a) Keeda pasta (umbes 10 minutit).
b) Sel ajal, kui pasta keeb, tehke köögiviljade jaoks ettevalmistustööd.
c) Nõruta nuudlid ja loputa külma veega, kuni pasta on jahtunud.
d) Lisa salatikaste, sool ja pipar. Sega hästi.
e) Lisage pastale kõik tükeldatud köögiviljad.
f) Lisa segule tuunikala. Voilà!

35.Chow Mein tuunikala salat

KOOSTISOSAD:
RIIDEMINE:
- 1/3 tassi majoneesi ja hapukoort (või kreeka jogurtit)
- 1/4 tl soola (maitse järgi)
- 3/4 tl küüslaugupulbrit
- 1/8 tl musta pipart

SALAT:
- 1 pea jääsalat, rebitud
- 12 untsi pikkuim-tuun, nõrutatud ja tükkideks lõigatud
- 1 tass külmutatud rohelisi herneid, sulatatud
- 1 purk chow mein nuudleid (umbes 1 kuhjaga tass)

JUHISED:
a) Sega kastme koostisained ja tõsta kõrvale.
b) Segage herned, tuunikala ja salat.
c) Sega juurde kaste.
d) Viimasena sega sisse chow mein nuudlid ja serveeri kohe!

36.Mostaccioli salat Nicoise

KOOSTISOSAD:
- 1 nael Mostaccioli või penne pasta, kuumtöötlemata
- 2 naela värskeid rohelisi ube, aurutatud pehmeks-krõbedaks
- 2 keskmist rohelist paprikat, lõigatud tükkideks
- 1 pint kirsstomateid, neljaks lõigatud
- 2 tassi viilutatud sellerit
- 1 tass viilutatud rohelist sibulat
- 10-20 kivideta küpset oliivi (Kalamata), viilutatud (või maitse järgi)
- 2 (7-untsi) purki vees pakitud valget tuunikala (pikkuim-tuuni), nõrutatud ja helvestatud

RIIDEMINE:
- 1/2 tassi oliivi- või taimeõli
- 1/4 tassi punase veini äädikat
- 3 küüslauguküünt, hakitud
- 4 tl Dijoni stiilis sinepit
- 1 tl mis tahes soolavaba ürdimaitseainet
- 1 tl basiiliku lehti (värsked või kuivad)
- 1/4 tl pipart

JUHISED:
a) Valmista pasta vastavalt pakendi juhistele.
b) Pasta küpsemise ajal tükeldage köögiviljad ja oliivid, kombineerige suures kausis tuunikalaga.
c) Vahusta õli, äädikas, küüslauk, sinep, ürtimaitseaine, basiilik ja pipar.
d) Kui pasta on valmis, kurna ja lisa köögiviljadega suurde kaussi.
e) Vala kaste pastale ja sega korralikult läbi.
f) Kata ja jahuta, kuni maitsed sulavad (umbes 1-2 tundi, parema maitse saamiseks kauem).
g) Sega aeg-ajalt, kuni see jahtub, seejärel serveeri ja naudi!

37.Rõngasnuudli ja Pimento tuunikala salat

KOOSTISOSAD:
- 1 karp väikesi rõngasnuudleid
- 1 purk pipart (tükeldatud)
- 1/2 tassi hakitud sellerit
- 1/2 tassi rohelist sibulat (väikeseks viilutatud)
- 1 purk pikkuimtuuni (nõrutatud)
- 1 tass majoneesi

JUHISED:

a) Keeda väikesed rõngasnuudlid soolaga maitsestatud vees valmis. Nõruta ja loputa külma veega, kuni see jahtub.

b) Segage tükeldatud pimento, selleri, rohelise sibula, nõrutatud tuunikala ja majoneesiga.

c) Tõsta külmkappi ja serveeri rooma lehtedel. Ideaalne suviseks lõunasöögiks.

38. Vahusta tuunikalasalat

KOOSTISOSAD:
- 2 purki pikkuim-tuunikala vees
- 3/4 tassi suurt kohupiima kodujuustu (võite kasutada madala rasvasisaldusega)
- 1 tl tilli
- 1 tl suhkrut (valikuline)
- 1 spl Miracle Whip
- Sool ja pipar maitse järgi

JUHISED:
a) Kombineeri kõik koostisosad kausis.
b) Sega korralikult läbi ja söö.
c) Võib süüa üksi või võileiva peale. Võib nautida rammusa paksulõikelise teraleiva või täistera nisukreekeritega.

39.Makaroni tuunikala salat

KOOSTISOSAD:
- 12 untsi konserveeritud veega pakitud pikkuim-tuunikala, nõrutatud ja helvestatud
- 8 untsi väikese koorega makaronid
- 2 kõvaks keedetud muna, peeneks hakitud
- 1/4 tassi rohelist või punast pipart, hakitud
- 2 varssellerit, tükeldatud
- 1 hunnik rohelist sibulat, hakitud
- 1 tass külmutatud rohelisi herneid, keedetud ja jahutatud
- 3/4 tassi majoneesi
- 2 spl hapukurgi maitseainet
- 1 tl soola
- 1 tl värskelt jahvatatud musta pipart

JUHISED:
a) Keeda makaronid vastavalt pakendi juhistele, nõruta ja loputa külma veega.
b) Laske makaronitel jahtuda, seejärel lisage tuunikala, munad, pipar, seller, sibul ja herned. Sega hästi.
c) Sega väikeses kausis kokku majonees, hapukurk, sool ja pipar.
d) Lisa makaronidele majoneesisegu ja sega korralikult läbi.
e) Enne serveerimist pane mitmeks tunniks külmkappi.

40. Palja lumeherne tuunikala salat

KOOSTISOSAD:
- 12 untsi tükk valget pikkuim-tuuni
- 1/8 tassi värskelt lõigatud magusaid herneid
- 1 keskmised oksad Värsked sellerisüdamed
- 1/2 tassi rohelist sibulat
- 1 tass peterselli
- 1/2 tassi jicama
- 1 tl jahvatatud köömneid
- 1/4 tl vürtse, Cayenne'i pipart
- 1/4 tl soola
- 1/2 tassi majoneesi

JUHISED:
a) Koorige herned, seejärel peeneks kuubikuteks seller, roheline sibul ja jicama. Haki petersell.
b) Tühjendage kaks purki tuunikala, ühendage ja segage hästi.
c) Enne serveerimist jahuta tund aega.
d) Serveeri värskete roheliste peale või keera ümbrisesse kokku. Saab kasutada kuuma tuunikala wrapi jaoks, kui teil on panini press.

41. Neptuuni salat

KOOSTISOSAD:
- 12-14 untsi. Valge pikkuim-tuun, nõrutatud
- 6 õlisse pakitud päikesekuivatatud tomatit, hakitud
- 2 spl hakitud peterselli
- 1/2 tassi Marzetti® Balsamic Kaste, jagatud
- 8 untsi puhastatud segatud salatirohelist
- 1/2 inglise kurki, poolitatud ja 1/4-tollisteks viiludeks lõigatud
- 2 küpset tomatit lõigatakse kumbki 6 viiluks
- 1 tass Texase röstsaia meresoola ja pipraga Croutons®

JUHISED:
a) Sega keskmises segamiskausis tuunikala, päikesekuivatatud tomatid, petersell ja 2 supilusikatäit Marzetti® palsamikastet.

b) Sega serveerimiskausis salatirohelised, kurk ja tomatid. Viska üle järelejäänud Marzetti® Balsamic Kastmega.

c) Tõsta tuunikala segu lusikaga rohelistele ja puista peale Texas Toast Sea Salt & Pepper Crutons.

d) Serveeri.

42. Kreemjas paprika ja tomati tuunikala salat

KOOSTISOSAD:
- 2 suurt purki valget, pikkuim-tuunikala vette pakitud, nõrutatud
- 1/4 kivideta kalamata oliive, nõrutatud ja tükeldatud VÕI 1/4 Hispaania kuninganna oliive, nõrutatud ja viilutatud
- 1/2 punast paprikat, seemnetest puhastatud ja tükeldatud (või röstitud punane paprika)
- 2 spl kapparid, nõrutatud
- 1/4 punast sibulat, tükeldatud
- 2 roma tomatit, tükeldatud
- Mahl sidruniviilust
- majonees
- 2 tl Dijoni sinepit
- Värskelt jahvatatud must pipar
- Paar loksu Old Bay maitseainet

JUHISED:
a) Kombineeri kõik koostisosad, välja arvatud majonees, suures segamiskausis.
b) Lisage veidi majoneesi korraga, kuni see saavutab soovitud konsistentsi; lihtsam on lisada kui ära võtta.
c) Jahutage kuni serveerimiseni.
d) Serveeri krõbedale prantsuse leivale cheddari juustuga või rohelisele lehtsalatile.
e) Soola pole vaja, kuna seda saab palju oliividest ja kapparitest.
f) Kasutaja

43. Olio Di Oliva tuunikala salat

KOOSTISOSAD:
- 1 5-untsine pikkuim-tuunikala purk vette pakitud
- 1/4 tassi tükeldatud tomatit
- 1/4 tassi kuubikuteks lõigatud sellerit
- 1/8 tassi kuubikuteks lõigatud Kalamata oliive
- 1 tl kapparid
- 1/4 tl kuiva basiilikut
- 1/4 tl kuiva pune
- 1/4 tl kuiva peterselli
- 1 spl oliiviõli
- 1 1/2 spl punase veini äädikat
- Sool ja jahvatatud pipar maitse järgi
- 2 tl seedermänni pähkleid (valikuline)

JUHISED:
a) Nõruta tuunikalakonserv hästi.
b) Pane kaussi ja lisa ülejäänud koostisosad.
c) Segamiseks segage õrnalt.
d) Jahuta või söö kohe.

44.Tuunikala Tortellini salat

KOOSTISOSAD:
- 1 (19 untsi) pakend külmutatud juustu tortellini
- 1 (12 untsi) purk pikkuim-tuuni, loputa ja nõruta korralikult
- 1/4 tassi viilutatud rohelisi oliive
- 1/4 tassi viilutatud musti oliive
- 1/4 tassi kuubikuteks lõigatud punast paprikat
- 2 spl hakitud magusat sibulat
- 2 spl hakitud värsket peterselli
- 2 supilusikatäit majoneesi
- 1 spl punase veini äädikat
- 1 tl Provence'i ürte (või 1 tl kuivatatud Itaalia maitseainet)
- 1/4 tassi rapsiõli
- Soola maitse järgi
- Kaunistuseks: värsked peterselliоksad

JUHISED:
a) Küpseta tortellini vastavalt pakendi juhistele; äravool. Küpsetusprotsessi peatamiseks sukelduge jäävette; nõruta ja aseta suurde kaussi.
b) Sega juurde tuunikala ja järgmised 5 koostisosa.
c) Vahusta majonees, punase veini äädikas ja Provence'i ürdid. Lisa õli aeglase ühtlase joana, pidevalt vahustades ühtlaseks massiks.
d) Vala tortellini segule, viska katteks. Sega maitse järgi soola.
e) Katke ja jahutage vähemalt 25 minutit. Soovi korral kaunista.

45.Kesklinna tuunikala salat

KOOSTISOSAD:
- 2 purki tongooli või pikkuim-tuunikala
- 1 keskmine sibul, hakitud
- 2 varssellerit, lõigatud 1/4-tollisteks kuubikuteks
- 1 muna, lahtiklopitud
- 2 spl kreemjas šerrit
- 1 tl cajuni vürtsi
- Oliiviõli majonees maitse järgi
- 1 spl tükeldatud pimentosid, nõrutatud
- Ekstra neitsioliiviõli
- Palsamiäädikas
- 8-10 untsi metsik rukola, loputatud

JUHISED:
a) Hauta väikeses kastrulis väheses oliiviõlis sibulat, kuni see hakkab pehmenema.
b) Lisa seller ja jätka praadimist, kuni sibul on täielikult pehmenenud ja kergelt pruunistunud.
c) Lisa lahtiklopitud muna ja jätka küpsetamist, segades kuni muna on küps. Eemaldage kuumus.
d) Nõruta tuunikala põhjalikult ja pane keskmisesse kaussi. Lisage 2 spl oliiviõli, šerrit, pimentosid ja Cajuni vürtsi, seejärel segage.
e) Lisage majonees soovitud kreemisusastmeni, kuid vähemalt 2 spl. Sega muna-sibula seguga.
f) Serveerimiseks jaga rukola 4 eelroa taldrikule. Nirista üle äädika ja oliiviõliga. Pane igaühele tükike tuunikalasalatit.

MUUD TUUNIKANAKONSERVID

46. Päikesekuivatatud tomati ja tuunikala salat

KOOSTISOSAD:
- 10 päikesekuivatatud tomatit, pehmendatud ja kuubikuteks lõigatud
- ekstra neitsioliiviõli, 2 supilusikatäit
- sidrunimahl, ½ supilusikatäit
- 1 küüslauguküüs, hakitud
- peeneks hakitud petersell, 3 supilusikatäit
- 2 (5 untsi) purki tuunikala, helvestatud
- 2 selleriribi, peeneks tükeldatud
- Näputäis vähese naatriumisisaldusega soola ja pipart

JUHISED:
a) Kombineerige kuubikuteks lõigatud seller, tomatid, ekstra neitsioliiviõli, küüslauk, petersell ja sidrunimahl tuunikalaga.
b) Maitsesta pipra ja madala naatriumisisaldusega soolaga.

47. Itaalia tuunikala salat

KOOSTISOSAD:
- 10 päikesekuivatatud tomatit
- 2 (5 untsi) purki tuunikala
- 1-2 selleriribi, peeneks tükeldatud
- 2 supilusikatäit ekstra neitsioliiviõli
- 1 küüslauguküüs, hakitud
- 3 supilusikatäit peeneks hakitud peterselli
- 1/2 supilusikatäit sidrunimahla
- Näputäis vähese naatriumisisaldusega soola ja pipart

JUHISED:
a) Valmistage päikesekuivatatud tomatid, pehmendades neid soojas vees 30 minutit, kuni need on pehmed. Seejärel patsutage tomatid kuivaks ja hakkige peeneks.
b) Helvestage tuunikala.
c) Sega tuunikala tükeldatud tomatite, selleri, ekstra neitsioliiviõli, küüslaugu, peterselli ja sidrunimahlaga. Lisage madala naatriumisisaldusega soola ja pipart.

48.Aasia tuunikala salat

KOOSTISOSAD:
- 2 (5 untsi) purki tuunikala, nõrutatud
- ½ tassi hakitud punast kapsast
- 1 suur riivitud porgand
- 1 küüslauguküüs, hakitud
- 1 tl punaseid tšillihelbeid (valikuline)
- 1 tl ingverit, riivitud
- 1 tl röstitud seesamiõli
- 2 supilusikatäit oliiviõli
- 3 supilusikatäit riisiäädikat
- 1 tl suhkrut
- 2 supilusikatäit hakitud värsket koriandrit
- 1 sibul, hakitud
- Sool ja must pipar maitse järgi

JUHISED:
a) Lisa kõik koostisained salatikaussi ja sega korralikult läbi.
b) Serveeri leivaga või salatitopside peal.

49.Rooma tuunikala salat

KOOSTISOSAD:
- 1 supilusikatäis sidrunimahla
- 2 selleriribi, peeneks tükeldatud
- 1 küüslauguküüs, hakitud
- 3 supilusikatäit peterselli
- 2 supilusikatäit ekstra neitsioliiviõli
- 10 päikesekuivatatud tomatit, sageli soojas vees ja tükeldatud
- 10 untsi. tuunikala purk, helvestatud
- Näputäis vähese naatriumisisaldusega soola ja pipart

JUHISED:
a) Viska kõik segamisnõusse.
b) Nautige.

50. Madala süsivesikusisaldusega eelroog tuunikala salat

KOOSTISOSAD:
- 10 päikesekuivatatud tomatit , pehmendatud ja kuubikuteks lõigatud
- 2 (5 untsi) purki tuunikala , helvestatud
- 1-2 selleriribi, peeneks tükeldatud
- 2 supilusikatäit ekstra neitsioliiviõli
- 1 küüslauguküüs, hakitud
- 3 supilusikatäit peeneks hakitud peterselli
- ½ supilusikatäit sidrunimahla
- Näputäis vähese naatriumisisaldusega soola ja pipart

JUHISED:
a) Sega tuunikala tükeldatud tomatite, selleri, ekstra neitsioliiviõli, küüslaugu, peterselli ja sidrunimahlaga.
b) Lisa madala naatriumisisaldusega sool ja pipar.

51.Tuunikalasalati toiduvalmistamine

KOOSTISOSAD:
- 2 suurt muna
- 2 (5 untsi) purki tuunikala vees, nõrutatud ja helvestatud
- ½ tassi rasvavaba kreeka jogurtit
- ¼ tassi tükeldatud sellerit
- ¼ tassi kuubikuteks lõigatud punast sibulat
- 1 spl Dijoni sinepit
- 1 supilusikatäis magusat hapukurgi maitset (valikuline)
- 1 tl värskelt pressitud sidrunimahla või rohkem maitse järgi
- ¼ tl küüslaugupulbrit
- Koššersool ja värskelt jahvatatud must pipar, maitse järgi
- 4 Bibb salatilehte
- ½ tassi tooreid mandleid
- 1 kurk, viilutatud
- 1 õun, viilutatud

JUHISED:
a) Asetage munad suurde kastrulisse ja katke 1 tolli võrra külma veega. Kuumuta keemiseni ja keeda 1 minut. Kata pott tihedalt suletava kaanega ja tõsta tulelt; lase seista 8 kuni 10 minutit. Nõruta korralikult ja lase enne koorimist ja poolitamist jahtuda.

b) Sega keskmises kausis tuunikala, jogurt, seller, sibul, sinep, maitseaine, sidrunimahl ja küüslaugupulber; maitsesta soola ja pipraga maitse järgi.

c) Jagage salatilehed toiduvalmistamise anumatesse. Valage peale tuunikala segu ning lisage kõrvale munad, mandlid, kurk ja õun. Säilib külmikus 3-4 päeva.

52.Kiivi ja tuunikala salat

KOOSTISOSAD:
- 1 purk tuunikala, nõrutatud
- 2 kiivit, kooritud ja viilutatud
- 1 väike punane sibul, õhukeselt viilutatud
- 2 spl oliiviõli
- 1 spl palsamiäädikat
- Sool ja pipar maitse järgi
- Segatud salatilehed

JUHISED:
a) Kastme valmistamiseks vispelda väikeses kausis oliiviõli ja palsamiäädikas.
b) Sega suures kausis kokku tuunikala, kiivid, punane sibul ja segatud salatilehed.
c) Vala kaste salatile ja viska peale.
d) Maitsesta soola ja pipraga maitse järgi.

53.Antipasto tuunikala salat

KOOSTISOSAD:
- 1/2 tassi tavalist jogurtit
- 1/3 tassi majoneesi
- 1/4 tassi hakitud basiilikut
- 1/4 tl pipart
- 1/2 inglise kurki
- 1 paprika
- 2 tassi kirsstomateid; pooleks
- 1 1/2 tassi bocconcini pärleid
- 1/2 tassi rohelisi oliive pimentoga
- 2 spl nõrutatud ja tükeldatud marineeritud kuuma paprikat
- 2 purki tükeldatud tuunikala, nõrutatud
- Salati rohelised

JUHISED:
a) Segage suures kausis jogurt, majonees, basiilik ja pipar.
b) Sega korralikult läbi.
c) Lisa kurk, paprika, tomatid, bocconcini, oliivid ja terav paprika.
d) Viska mantlile.
e) Segage kahvli abil õrnalt tuunikala, jättes selle hammustuse suurusteks tükkideks.
f) Serveeri roheliste peal.

54. Artišoki ja küpse oliivi tuunikala salat

KOOSTISOSAD:
- 2 purki tükeldatud heledat tuunikala, nõrutatud ja helvestatud
- 1 tass hakitud konserveeritud artišokisüdameid
- 1/4 tassi viilutatud oliive
- 1/4 tassi hakitud talisibul
- 1/3 tassi majoneesi
- 3 küüslauguküünt, hakitud
- 2 tl sidrunimahla
- 1 1/2 teelusikatäit hakitud värsket pune või 1/2 tl kuivatatud

JUHISED:
a) Keskmises kausis ühendage kõik koostisosad.
b) Serveeri salati- või spinatipeenral koos viilutatud tomatitega või kasuta õõnestatud tomatite või lehttaigna kestade täitmiseks.

55. Rõngasmakaroni tuunikala salat

KOOSTISOSAD:
- 1 (7 untsi) karbiga rõngasmakaronid, valmistatud vastavalt karbil olevatele juhistele
- 1 (8 1/2 untsi) purk Le Sueur juuni alguse herneid, nõrutatud (või 1 tass Green Giant Select Le Sueur külmutatud herneid, sulatatud)
- 1 tass sellerit, peeneks tükeldatud
- 2 (6 untsi) purki tuunikala, nõrutatud
- 1/4 tassi sibulat, peeneks hakitud
- 1 tass Miracle Whip
- 1 tl soola (või vähem, kasuta maitse järgi)

JUHISED:
a) Sega kõik koostisosad õrnalt kokku ja pane 2–3 tunniks külmkappi.

56.Avokaadosalat tuunikalaga

KOOSTISOSAD:
- 2 kõvaks keedetud muna
- 1 avokaado
- 1/2 spl sidrunimahla
- 8 untsi tuunikala
- 3 spl majoneesi
- 1/2 tassi sibulat, hakitud
- 2 spl tilli hapukurki, hakitud
- 2 tl vedelat terava pipra kastet
- 1 1/2 tl soola
- 1 salat, tükeldatud

JUHISED:
a) Sega kausis kõvaks keedetud munad sidrunimahlaga piserdatud avokaadoga, et vältida värvimuutust.
b) Püreesta kahvliga korralikult läbi.
c) Sega serveerimiskausis tuunikala (nõrutatud) majoneesi, hakitud sibula, hakitud tillihapukurgi, vedela terava piprakastme ja soolaga.
d) Sega hulka munasegu.
e) Serveeri hakitud salati peal.

57.Barcelona riisi tuunikala salat

KOOSTISOSAD:

- 1/3 tassi oliiviõli
- 1/2 tassi punase veini äädikat
- 1 küüslauguküüs, peeneks hakitud
- 1/2 teelusikatäit soola
- 1 spl Dijoni sinepit
- 2 1/2 tassi keedetud pikateralist riisi
- 5 untsi tuunikala konservi, nõrutatud
- 1/2 tassi viilutatud rohelisi oliive, täidetud pimentodega
- 1 punane paprika, südamikust puhastatud, seemnetest puhastatud ja viilutatud
- 1 keskmine kurk, kooritud ja tükeldatud
- 1 tomat, tükeldatud
- 1/4 tassi hakitud värsket peterselli

JUHISED:

a) Sega väikeses klaaskausis kokku õli, äädikas, küüslauk, sool ja Dijoni sinep.
b) Kombineeri ülejäänud koostisosad, välja arvatud petersell, seejärel vala juurde kaste ja sega õrnalt segamini.
c) Kata ja lase külmkapis marineerida, seejärel sega enne serveerimist peterselliga.

58.Külm tuunikalapasta salat Bowtie Maciga

KOOSTISOSAD:
- 1 (32 untsi) kott suured kikilipsuga makaronid
- 6 (6 untsi) purki tuunikala
- 1 hunnik sellerit
- 1 väike kurk
- 1 punane sibul
- 2 purki musti oliive
- 1 (10-12 untsi) purk tilli hapukurki
- Majonees (soovi korral kerge Mayo)
- Sool pipar

JUHISED:
a) Keeda makaronid vastavalt juhistele.
b) Makaronide valmistamise ajal valmista ette ka teised koostisosad.
c) Viiluta seller, tükelda hapukurk, sibul, oliivid ja kurk.
d) Kui makaronid on valmis, pane SUUREsse kaussi.
e) Alusta umbes poolte makaronidega ja lisa vastavalt soovile.
f) Sega hulka tuunikala ja ülejäänud ained koos soola ja pipraga.
g) Kohandage majoneesi oma maitse järgi. Nautige!

59.Musta oa tuunikala salat

KOOSTISOSAD:
- 1 purk tuunikala, nõrutatud
- 1 purk musti ube, nõrutatud (loputamata)
- 1 tomat, tükeldatud
- Tofu (valikuline, vastavalt teie äranägemisele)
- 1 supilusikatäis (Alouette) küüslaugu ja ürtidega määritavat juustu (nt frischkäse või neufchatel)
- 1/4 tassi rasket koort
- Segatud salatiroheline
- Tšilliõli kaste (valikuline)

JUHISED:
a) Pane kalakoogid ja koor kaussi.
b) Lisa tuunikala ja mustad oad. Sega kergelt läbi.
c) Küpseta mikrolaineahjus umbes 2-3 minutit, kuni kalakoogid on sulanud. Segage.
d) Aseta taldrikule salatirohelised.
e) Tõsta portsjon ube ja tuunikala salati keskele.
f) Puista peale tomatid ja purusta veidi tofut.
g) Soovi korral lisa kaste. (Proovige omatehtud tšilliõli kastet seesamiõli, sojakastme, kuubikuteks lõigatud röstitud tšilliga. Segage ja valage)
h) Nautige!

60. Pruuni riisi ja tuunikala salat

KOOSTISOSAD:
- 1 1/5 tassi pruuni riisi või muud pikateralist riisi
- 1/2 tassi palsamiäädikat
- 250 grammi kurki, koorimata, lõigatud 1 cm kuubikuteks
- 1/2 tassi väikeseid rediseid, poolitatud
- 1 sellerivars, tükeldatud
- 60 grammi beebi raketi lehti
- 450 grammi tuunikala vees, nõrutatud ja helvestatud
- Pipar maitse järgi (soola pole, sest tuunikala on juba piisavalt soolane)

JUHISED:
a) Keeda riis pakendil olevaid juhiseid järgides, nõruta hästi ja jäta 10 minutiks jahtuma.
b) Sega balsamico läbi riisi ja jäta 15 minutiks kõrvale.
c) Lisa riisile kõik muud koostisosad, lisa maitse järgi pipart ja sega läbi.
d) Serveeri pruuni leiva viiludega või nende peal.

61. Kikerherne tuunikala salat

KOOSTISOSAD:
RIIDEMINE:
- 1 tl kuiva piparmünti või mitu värsket hakkliha
- 1/2 tl küüslaugupulbrit või kasuta maitse järgi värsket
- 1/4 tl jahvatatud kaneeli
- 1/2 tl soola
- 1/3 tassi siidri äädikat
- 1/4 tassi lemmikõli

KÖÖGvili:
- 1 tass tükeldatud või viilutatud sellerit (kaasa pealmised lehed)
- 1/2 kuni 1 tervet kuubikuteks lõigatud punast paprikat
- 8 untsi purki viilutatud vesikastanid, nõrutatud
- 15 untsi purk garbanzo ube (kikerherned, ceci), nõrutatud ja loputatud
- 1 tass õhukeselt julieneeritud punast sibulat
- 1 suur tomat, tükeldatud
- Tuunikala

JUHISED:
a) Lisa kõik kastme koostisosad ja vahusta korralikult läbi.
b) Sega kõik köögiviljad suures kausis ja vala peale kaste.
c) Säilib hästi külmkapis ja maitseb suurepäraselt, kui paar tundi marineerida.
d) Aseta roheliste/salatipeenrale või serveeri värske küljena.
e) Toekama vahelduse saamiseks lisage helvestest tuunikala või grillkana.

62.Tükeldatud salat tuunikalaga

KOOSTISOSAD:
- 2 spl valge veini äädikat
- 1/4 teelusikatäit soola
- 1/8 tl värskelt jahvatatud musta pipart
- 1/4 tassi ekstra neitsioliiviõli
- 1 pea rooma salat, hakitud 1-tollisteks tükkideks
- 1 purk kikerherneid, nõruta ja loputa
- 5 untsi tuunikala konservi, nõrutatud ja helvestatud
- 1/2 tassi musti oliive, kivideta ja viilutatud
- 1/2 punast sibulat, lõigatud 1/4" tükkideks
- 2 tassi värsket lokkis peterselli, jämedalt hakitud

JUHISED:
a) Valage äädikas suurde salatikaussi.
b) Lisa soola ja pipart.
c) Lisage õli aeglaselt ühtlase joana, vahustades emulgeerimiseks.
d) Lisa ülejäänud koostisosad kaussi ja sega korralikult läbi.

63. Klassikaline salat Nicoise tuunikalaga

KOOSTISOSAD:
- 115 g rohelisi ube (kärbitud ja poolitatud)
- 115g segasalatilehti
- 1/2 väikest kurki (õhukeseks viilutatud)
- 4 küpset tomatit (nelitatud)
- 50g konserveeritud anšoovist (nõrutatud) - soovi korral
- 4 muna (kõvaks keedetud ja neljaks lõigatud VÕI pošeeritud)
- 1 väike purk tuunikala soolvees
- Sool & jahvatatud must pipar
- 50 g väikseid musti oliive - valikuline

RIIDEMINE:
- 4 spl ekstra neitsioliiviõli
- 2 küüslauguküünt (purustatud)
- 1 spl valge veini äädikat

JUHISED:
a) Kastme jaoks klopi kokku viimased 3 koostisosa ja maitsesta soola ja musta pipraga ning tõsta kõrvale.
b) Keeda rohelisi ube umbes 2 minutit (blanšeerimine) või kuni need on kergelt pehmed, seejärel nõruta.
c) Viska suures kausis kokku salatilehed, kurk, tomatid, rohelised oad, anšoovised, oliivid ja kaste.
d) Kõige peale lisa neljaks lõigatud muna(d) ja helvestega tuunikala (et see ei kaotaks oma kuju).
e) Serveeri kohe ja naudi!

64.Kuskussi kikerherne ja tuunikala salat

KOOSTISOSAD:
- 2 tl õli
- 1 punnet kirsstomat, poolitatud
- 1 tass kuskussi
- 1 tass vett, keedetud
- 80 g beebispinatit
- 400 g nõrutatud kikerherneid
- 185 g tuunikala õlis, nõrutatud ja helvestatud
- 90 g fetajuustu, murendatud
- 1/3 tassi kivideta Kalamata oliive, viilutatud

RIIDEMINE:
- 2 spl oliiviõli
- 1 spl palsamiäädikat
- 2 spl vahtrasiirupit

JUHISED:
a) Kuumuta õli keskmisel pannil kõrgel kuumusel. Lisa tomatid, küpseta 1-2 minutit, kuni see on pehme, seejärel tõsta taldrikule.
b) Aseta kuskuss suurde kaussi, kata veega ja jäta umbes 5 minutiks kõrvale, kuni vedelik on imendunud. Kohev kahvliga.
c) Kaste: Klopi kõik ained kannu kokku ja maitsesta.
d) Viska spinat, kikerherned, tuunikala, feta ja oliivid koos tomatite ja kastmega läbi kuskussi.
e) Serveeri kooriku leivaga. Nautige!

65.Tuunikala, ananassi ja mandariini salat

KOOSTISOSAD:
- 20-untsised ananassi viilud, varuge 2 spl mahla
- 7-untsine valge tuunikala konserv, nõrutatud
- 11 untsi konserveeritud mandariini apelsine, nõrutatud
- 1 keskmine kurk, kooritud ja kuubikuteks lõigatud
- 1/4 tassi hakitud rohelist sibulat
- Taldrikutele kaunistuseks salatilehed
- 1 tass majoneesi
- 1 spl sidrunimahla

JUHISED:
a) Nõruta ananassiviilud, säilitades 2 spl. kastme jaoks.
b) Keskmises kausis purustage suured tuunikala tükid, seejärel raputage apelsinitükid, kurk ja roheline sibul.
c) Vooderda 5 salatitaldrikut salatilehtedega.
d) Tõsta tuunikala segu taldrikutele salatile.
e) Tõsta iga taldriku peale 2 ananassiviilu.
f) Kastme jaoks sega kokku 2 spl. ananassimahl majoneesi ja sidrunimahlaga.
g) Nirista igale salatiportsjonile kaste ja serveeri kohe.

66. Värske tuunikala ja oliivi salat

KOOSTISOSAD:
- 1/2 tassi tükeldatud sellerit
- 1/2 tassi kuubikuteks lõigatud hispaania sibulat
- 1/4 tassi tükeldatud porgandit
- 1/2 loorberilehte
- 1/2 tassi kuiva valget veini
- 2 sidruni viilu
- 1 oksake värsket majoraani
- 1 oksake värsket tüümiani
- 1 nael nahata värsket tuunikala, lõigatud
- 1/4 tassi kuubikuteks lõigatud punast paprikat
- 1/4 tassi viilutatud kivideta kuivsoolatud musti oliive
- 3 supilusikatäit oliiviõli
- 2 spl hakitud värskeid lamedate lehtedega peterselli lehti
- 1 1/2 supilusikatäit värskelt pressitud sidrunimahla
- 1 tl kuuma kastet
- Sool ja värskelt jahvatatud must pipar

JUHISED:

a) Sega keskmises kastrulis 1/4 tassi sellerit, 1/4 tassi sibulat, porgand, loorberileht, valge vein, sidruniviilud, majoraan, tüümian ja 1 1/2 tassi vett. Kuumuta keemiseni, seejärel alanda kuumust, et keeda 5 minutit.

b) Laske tuunikala õrnalt vedelikku ja hautage, kuni see on valmis, umbes 12–15 minutit. Eemaldage tuunikala ja asetage see jahtuma. Pärast jahutamist purustage see suurteks helvesteks.

c) Kurna keeduvedelik läbi peene võrguga sõela teise potti. Visake kuivained ära. Kuumuta kurnatud vedelik keemiseni, vähendades selle 1/4 tassi ja peaaegu siirupi (10–15 minutit). Eemaldage kuumusest ja laske jahtuda.

d) Segage suures kausis tuunikala, ülejäänud 1/4 tassi sibulat, punane pipar, oliivid, oliiviõli, petersell, sidrunimahl, kuum kaste ja 2 supilusikatäit vähendatud keeduvedelikku. Visake järelejäänud keeduvedelik ära.

e) Sega õrnalt, kuid põhjalikult ning maitsesta soola ja pipraga.

f) Kasuta võileiva täidisena või salatikomponendina.

67. Tuunikala avokaado seene ja mango salat

KOOSTISOSAD:
- Serena tuunikalapurgid (serveerimine sõltub inimeste arvust)
- Või salat
- Seened
- kirsstomatid
- Suhkrusmais (konserv)
- Liibanoni kurk
- Mangod purgis
- Prantsuse kaste

JUHISED:
a) Peske kõik tooted ja lõigake/rebi salat hammustusesuurusteks tükkideks.
b) Lõika ülejäänud koostisosad vastavalt soovile.
c) Pane salat kaussi kokku nii, et pane kaussi salat, lisa ühtlaselt tuunikala, seejärel laota kihiti tomatid, seened, kurgid, mangod ja nirista peale kaste.
d) Ei pea viskama ega segama, serveerima ega kohe sööma. Nautige!

68. Kreeka peedi- ja kartulisalat

KOOSTISOSAD:
- 1/4 tassi salatiõli
- 2 spl head veiniäädikat või äädika ja sidrunimahla segu
- 1/4 tl kuiva sinepit
- Värske jahvatatud pipar
- 4 tassi kuubikuteks lõigatud kuumalt keedetud kartulit
- 2 tassi kuubikuteks lõigatud keedetud või konserveeritud peeti
- 1 keskmine Bermuda sibul, peeneks viilutatud
- 1 spl hakitud kapparid
- 1/4 tassi hakitud tilli hapukurki
- 1/2 tassi küpseid oliive, lõigatud suurteks tükkideks
- 1 1/2 tassi rohelisi herneid, rohelisi ube või helvestega konserveeritud tuunikala või lõhet (teie valik)
- Kaunistus (valikuline): anšoovised, rohelised või mustad oliivid, petersellioksad

JUHISED:
a) Kombineerige esimesed neli koostisosa keeratava kaanega purgis ja loksutage tugevalt segunemiseks.
b) Vala peale peet, kartul, sibul ja herned. Segage, katke ja hoidke üleöö külmkapis.
c) Vahetult enne serveerimist lisage oma valitud herned, oad või tuunikala või lõhe.

69. Kreeka stiilis tuunikala salat

KOOSTISOSAD:
- 1 tass orzo, kuumtöötlemata
- 1 (6 1/8) purk tahket valget tuunikala, nõrutatud ja helvestatud
- 2 tassi hakitud tomatit
- 1/2 tassi murendatud fetajuustu
- 1/4 tassi hakitud lillat sibulat
- 3 spl viilutatud küpseid oliive
- 1/2 tassi punase veini äädikat
- 2 spl vett
- 2 spl oliiviõli
- 1 küüslauguküüs, hakitud
- 1/2 tl kuivatatud basiilikut
- 1/2 tl kuivatatud pune
- Roheline salat (valikuline)

JUHISED:
a) Küpseta orzo vastavalt pakendi juhistele; nõruta, loputa külma veega ja nõruta uuesti.
b) Kombineerige suures kausis orzo, tuunikala, tomat, feta, sibul ja oliivid. Viska õrnalt.
c) Ühendage elektrilise segisti anumas äädikas, vesi, oliiviõli, küüslauk, basiilik ja pune. Kata kaanega ja töötle ühtlaseks massiks, seejärel vala pastasegule ja viska õrnalt läbi.
d) Kata ja jahuta korralikult. Serveeri soovi korral salatilehtedel.

70. Hawaii stiilis makaronisalat

KOOSTISOSAD:
- 1 karp makaronid omal valikul
- 6 keedetud muna
- 1 riivitud porgand
- Täiendavad lisandid vastavalt soovile (sibul, oliivid, tuunikala, külmutatud väikesed herned, peeneks hakitud seller, salatisuurused keedetud krevetid)
- Kaste: 1 tass või rohkem majoneesi, 2 spl vett, 1/2 tl riisiäädikat, maitse järgi soola ja pipart, 1/2 tl karripulbrit (valikuline), 1/2 tl paprikat (valikuline), 2 spl piima (valikuline) , 1 spl suhkrut (valikuline)

JUHISED:
a) Küpseta makaronid vastavalt pakendi juhistele, loputa ja jahuta.
b) Haki keedetud munad ja lisa makaronidele. Lisage riivitud porgand ja kõik lisandid.
c) Sega kõik kastme ained omavahel. Vajadusel reguleerige majoneesi või vett.
d) Sega kaste makaroniseguga, hoia jahedas ja serveeri.

71. Tervislik brokkoli-tuunikala salat

KOOSTISOSAD:
- 1 pea brokkoli
- 1 pakk tuunikala
- 1 purk kikerherneid
- Peotäis viinamarjatomateid
- Pool punane sibul
- Oliiviõli
- Sidrunimahl
- Sool pipar

JUHISED:
a) Pese spargelkapsas ja tükelda see suupärasteks oksteks.
b) Loputage kikerherned, nõrutage tuunikala ja lõigake tomatid pooleks.
c) Lõika punane sibul väikesteks viiludeks.
d) Sega kõik koostisosad omavahel, seejärel lisa salati katmiseks oliiviõli ja sidrunimahl.
e) Lisa maitse järgi soola/pipart. Nautige!

72. Segaoa ja tuunikala salat

KOOSTISOSAD:

- 1 purk põhjaoad
- 1 purk rohelisi ube lõigata
- 1 purk Garbanzo ube
- 1 purk punaseid ube
- 2 purki tuunikala, pakitud vette, nõrutatud
- 1 keskmine magus sibul, jämedalt hakitud
- 1/2 tassi hakitud apelsini või kollast pipart
- 2/3 tassi äädikat
- 1/2 tassi salatiõli
- 1/4 tassi Splendat või suhkrut
- 1 tl selleriseemneid

JUHISED:

a) Loputage kõik oad hästi ja segage need suures kausis hakitud sibula, tuunikala ja hakitud pipraga.
b) Vahusta äädikas, taimeõli, suhkur ja selleriseemned. Vala köögiviljadele ja sega kergelt läbi.
c) Kata kaanega ja jahuta kaheksa tundi või üleöö, aeg-ajalt segades, et maitsed seguneksid.

73.Itaalia Antipasto salatikauss

KOOSTISOSAD:
- 6 untsi artišokisüdameid
- 8-3/4 untsi purki garbanzo ube, nõrutatud
- 8-3/4 untsi purki kuivatatud punaseid ube
- 6–1/2 untsi võib tuunikala vees süüdata, nõrutatuna ja helvestades
- 1/2 magusat punast sibulat, õhukeselt viilutatud
- 3 spl Itaalia salatikastet
- 1/2 tassi sellerit, õhukeselt viilutatud
- 6 tassi segatud salatit
- 2 untsi anšoovist, nõrutatud
- 3 untsi kuiva salaamit, lõigatud õhukesteks ribadeks
- 2 untsi Fontina juustu, kuubikuteks lõigatud
- Garneeringuks marineeritud punane ja roheline paprika

JUHISED:
a) Sega artišokk ja marinaad ubade, tuunikala, sibula ja 2 spl pudelikastmega.
b) Kata kaanega ja pane 1 tunniks või kauemaks külmkappi, et maitsed seguneksid.
c) Sega suures salatikausis kergelt marineeritud segu selleri ja salatirohelisega.
d) Vajadusel sega juurde veel veidi pudelikastet.
e) Asetage peale anšoovised, salaami ja juust ning seejärel kaunistage paprikatega. Serveeri kohe.

74.Jaapani tuunikala Harusume salat

KOOSTISOSAD:
- 50 g Harusume nuudleid (oa-niitnuudlid/klaasvermikelli või riisinuudlid)
- 1 väike tuunikalakonserv
- 1/2 väikest kurki (õhukeseks viilutatud)
- 1 tl Jaapani marineeritud ingverit (valikuline)
- Merevetikaribad (valikuline)
- Talisibul/sibul/roheline sibul (valikuline)
- Seesamiseemned (valikuline)
- Kaste: 1 tl seesamiõli, 2 tl lahjat sojakastet/tamari, 1 tl mirini, soola maitse järgi

JUHISED:
a) Leota nuudleid keedetud vees või kuumas vees, kuni need muutuvad läbipaistvaks (3-4 minutit või 15 minutit).
b) Puista kurgiviiludele soola ja tõsta kõrvale.
c) Loputa nuudlid külma vee all ja nõruta. Määri tuunikalakonserv nuudlitele.
d) Lisa kurgiviilud (ja soovi korral marineeritud ingver).
e) Vala kaste nuudlitele, maitsesta soola ja pipraga ning sega, kuni see on hästi kaetud.
f) Kaunista merevetikaribade, viilutatud sibula ja seesamiseemnetega.
g) Serveeri kohe.

75.Tuunikala ja anšoovise salat Nicoise

KOOSTISOSAD:
- 8 väikest punast kartulit (keedetud)
- 2 naela rohelisi ube (blanšeeritud)
- 10 ovaalset kirsstomatit
- 1 väike lilla sibul (õhukeseks viilutatud)
- 1/2 tassi oliive (kivideta)
- 6 kõvaks keedetud muna (veerandiks jagatud)
- 2 purki 12 untsi valget tuunikala (õlisse pakitud)
- 2 untsi anšoovisefileed (valikuline)
- Kaste: 1 sl Dijoni sinepit, 4 sl punase veini äädikat, 1/2 tassi oliiviõli, 1 tl suhkrut, 1/2 tl soola, 1/2 tl pipart, 1/4 tassi peeneks hakitud peterselli

JUHISED:
a) Keeda kartulid, veerandi, kui see on jahtunud. Keeda ja veerand munad. Blanšeeri oad ja jahuta.
b) Vahusta sinep ja äädikas ühtlaseks massiks. Lisa aeglase joana oliiviõli, vahustades kuni paksenemiseni. Lisa suhkur, sool, pipar ja hakitud petersell.
c) Segage salat, valage suurem osa kastmest, asetage roogi ümber munad, keskele tuunikala ning nirista ülejäänud kaste tuunikala ja munade peale.

76.Ülejäänud Maci salat tuunikala lõunaks

KOOSTISOSAD:
- 1 qt järelejäänud makaronisalatit (eemaldage salat)
- 1 purk tuunikala
- 1 tass vett
- 1/2 juustupulbri pakikest
- Pipar
- Maitsestatud sool

JUHISED:
a) Keeda vett.
b) Lisa tuunikala.
c) Lisa makaronisalat ja sega korralikult läbi. Aja uuesti keema.
d) Lisa 1/2 juustupakki.
e) Maitsesta pipra ja maitsestatud soolaga.
f) Nautige!

77.Keedumuna ja tuunikala salat

KOOSTISOSAD:
- 2 pakki tuunikala
- 2 kõvaks keedetud muna
- 3 supilusikatäit majoneesi
- 1/2 spl rantšo kastet
- 1/2 sl Prantsuse sibulatükki
- 1/2 spl maitseainet (tükeldatud)
- Natuke peekonitükke
- Natuke küüslaugupulbrit
- Natuke Cajuni maitseainet
- Natuke pipart

JUHISED:
a) Sega kõik koostisosad kausis kokku.
b) Parima maitse ja konsistentsi saavutamiseks jahutage 30 minutit.
c) Naudi üksi või röstitud saia peal.

78.Vahemere tuunikala antipasto salat

KOOSTISOSAD:
- 1 purk ube (kikerherned, mustsilmsed herned või cannellini oad), loputatud
- 2 purki või pakki vett pakitud tuunitükk, nõrutatud ja helvestatud
- 1 suur punane paprika, peeneks hakitud
- 1/2 tassi peeneks hakitud punast sibulat
- 1/2 tassi hakitud värsket peterselli, jagatud
- 4 tl kappareid, loputatud
- 1 1/2 teelusikatäit peeneks hakitud värsket rosmariini
- 1/2 tassi sidrunimahla, jagatud
- 4 spl ekstra neitsioliiviõli, jagatud
- Värskelt jahvatatud pipar maitse järgi
- 1/4 teelusikatäit soola
- 8 tassi segatud salatirohelist

JUHISED:
a) Sega keskmises kausis oad, tuunikala, paprika, sibul, petersell, kapparid, rosmariin, 1/4 tassi sidrunimahla ja 2 supilusikatäit õli.
b) Maitsesta pipraga.
c) Kombineerige ülejäänud 1/4 tassi sidrunimahla, 2 supilusikatäit õli ja soola suures kausis.
d) Lisa salatiroheline; viska mantlile.
e) Jagage rohelised 4 taldrikule ja lisage igale tuunikalasalatile.

79.Vahemere tuunikala salat

KOOSTISOSAD:
- Oliiviõlisse pakitud Itaalia tuunikala (osta Costcost lahtiselt)
- Umbes tass odra (juba keedetud)
- Viinamarja tomatid (tükeldatud)
- Kapparid
- Mustad kortsus oliivid (kivideta ja jämedalt tükeldatud)
- Beebi rukola
- Sidrunimahl
- Ekstra neitsioliiviõli
- soola
- Värskelt jahvatatud must pipar

JUHISED:
a) Sega kõik koostisosad kausis ja sega õrnalt läbi.
b) Vastavalt isiklikele eelistustele lisage igaüks nii palju või nii vähe kui soovite.
c) Serveeri paari tüki täistera-krõpsileivaga.

80. Laetud Nicoise salat

KOOSTISOSAD:
- 1 pea rooma salatit väikesteks tükkideks rebituna
- 1 pea Bostoni või Bibbi salatit
- 2 või 3 purki tuunikala, nõrutatud
- 1 purk artišokisüdameid, nõrutatud
- 1 tass viinamarja tomateid
- 6-8 rohelist sibulat, puhastatud
- 6-8 väikest uut punast kartulit, aurutatud, jäetud kestadesse
- 1 purk anšoovisefileed, piimas leotatud, kuivaks patsutatud
- 3/4 naela värskeid rohelisi ube, blanšeeritud
- 4 kõvaks keedetud muna, neljaks lõigatud
- 2 šalottsibulat, hakitud
- 1 küüslauguküüs, purustatud
- 1,5 tl soola
- Värske jahvatatud must pipar
- 2 spl Dijoni sinepit
- 1/3 tassi punase veini äädikat
- 2/3 tassi mahedat ekstra neitsioliiviõli
- 3 spl kappareid, nõrutatud (serveeritud kaunistuseks)

JUHISED:
a) Valmista salat vastavalt juhistele, tagades krõbedad oad ja pehmed kartulid.
b) Valmista salatikaste, vahustades šalottsibulat, küüslauku, sinepi, soola ja pipart äädikaga.
c) Lisa vahustades aeglaselt õli.
d) Valage keedetud soojendatud kartulid 2 spl ettevalmistatud kastmega.
e) Viska rohelisi ube vähese supilusikatäie kastmega.
f) Pange salat kokku, asetage salat, tuunikala, munad ja palju muud. Nirista kastmega üle.
g) Kaunista kapparitega. Serveeri koos ülejäänud kastmega küljel.

81. Õuna-, jõhvika- ja muna-tuunikala salat

KOOSTISOSAD:
- 2 väikest purki jämedat tuunikala vees
- 3 suurt muna
- 1 väike või 1/2 suurt kollast sibulat
- 2 supilusikatäit magusat maitset
- 1 väike Granny Smithi õun
- 3 spl kuivatatud jõhvikaid
- 3 spl majoneesi
- 1 spl vürtsikat või pruuni sinepit
- Sool ja pipar maitse järgi
- 1 spl sidrunimahla
- 1 tl petersellihelbeid
- 1/4 tl paprikat

JUHISED:
a) Keeda mune 10 minutit; jahuta, koori ja lõika kuubikuteks.
b) Nõruta tuunikala vesi.
c) Visake tuunikala segamisnõusse ja purustage see puulusikaga, moodustades suured tükid.
d) Koori õun, eemalda südamik, riivi jämeda riiviga ja lisa kaussi.
e) Haki sibul peeneks ja lisa kaussi.
f) Lisage ülejäänud koostisosad ja segage ettevaatlikult, vältides neid pudruks.
g) Lase 10-15 minutit külmkapis seista.
h) Serveeri värske leivaga või salatilehel.

82.Pasta salat grillitud tuunikala ja tomatitega

KOOSTISOSAD:
- 8 ploomtomatit, kokku umbes 1 1/4 naela, pikuti poolitatud
- 2 spl. pluss 1/2 tassi oliiviõli
- Sool ja värskelt jahvatatud pipar, maitse järgi
- 1 nael pastakoored
- 2 naela tuunikala filee, igaüks umbes 3/4 tolli paksune
- 1 tass lahtiselt pakitud värskeid basiilikulehti
- 3 spl. punase veini äädikas
- 1 nael värsket mozzarella juustu, peeneks tükeldatud
- 1/4 tassi hakitud värsket lamedate lehtedega peterselli

JUHISED:
a) Kuumuta ahi 450 ° F-ni. Valmistage grillis kuum tuli.
b) Asetage tomatid küpsetusplaadile ja segage 1 spl. oliiviõlist. Laota need, lõikeküljed ülespoole, lehele ja maitsesta soolaga. Rösti kuni pehme, umbes 20 minutit. Lase jahtuda, seejärel lõika risti pooleks.
c) Samal ajal lase suur pott, mis on kolm neljandikku täis soolaga maitsestatud vett, kõrgel kuumusel keema. Lisa pasta ja küpseta kuni al dente (õrn, kuid hammustuse suhtes kõva), umbes 10 minutit. Nõruta, loputa külma jooksva vee all ja nõruta uuesti. Kõrvale panema.
d) Pintselda tuunikalafileed mõlemalt poolt 1 spl. õlist. Maitsesta hästi soola ja pipraga. Asetage grillrestile 4–6 tolli tule kohal ja grillige, kuni see on kergelt pruunistunud, umbes 3 minutit. Pöörake ja küpseta keskmisel kuumusel veel 3–4 minutit või kuni see on teie maitse järgi valmis. Tõsta lõikelauale, lase jahtuda ja lõika 3/4-tollisteks kuubikuteks.
e) Sega köögikombainis või blenderis basiilikulehed ja ülejäänud 1/2 tassi õli. Pull või blenderda, kuni see on hakitud jämedaks püreeks. Lisa äädikas ning maitsesta soola ja pipraga. Pulseerige või segage kuni segunemiseni.
f) Segage suures kausis pasta, tomatid ja kogunenud mahlad, tuunikala, mozzarella, petersell ja basiilikukaste.
g) Viska õrnalt läbi ja serveeri. Serveerib 8.

83.Penne salat kolme ürdi, kappari ja tuunikalaga

KOOSTISOSAD:
- 6 untsi oliiviõliga pakitud tuunikala, nõrutatud
- 1-1/2 teelusikatäit soola
- 1/2 naela penne pasta
- 2 spl värsket sidrunimahla
- 2 spl ekstra neitsioliiviõli
- 1/2 tl värskelt jahvatatud pipart
- 1/4 tassi hakitud värsket lamedate lehtedega peterselli
- 1/4 tassi hakitud värsket basiilikut
- 1/4 tassi hakitud värsket koriandrit
- 2 tl kappareid, loputatud ja nõrutatud

JUHISED:
a) Pane tuunikala väikesesse kaussi, purusta kahvliga helvesteks ja tõsta kõrvale.
b) Kuumuta suur veega täidetud pott keema.
c) Lisage penne ja 1 tl soola, seejärel küpseta kuni al dente, umbes 12 minutit. Nõruta ja tõsta suurde serveerimiskaussi.
d) Lisa sidrunimahl, oliiviõli, ülejäänud sool ja pipar ning seejärel viska katteks.
e) Lisage tuunikala, petersell, basiilik, koriander ja kapparid ning segage õrnalt.
f) Maitske ja reguleerige maitseaineid, seejärel katke kaanega ja jahutage umbes 1 tund.
g) Serveeri toatemperatuuril.

84. Oa, pruuni riisi ja tuunikala salat

KOOSTISOSAD:
- 1 purk punaseid ube
- 1 purk cannellini ube
- 1 purk hea veega pakitud tuunikala
- 1 1/2 tassi või nii keedetud al dente pruuni riisi, jahutatud
- Poole suure sidruni mahl
- 2 spl hakitud värsket basiilikut
- Sool ja pipar maitse järgi

JUHISED:
a) Nõruta ja loputa oad, sega keskmises kausis nõrutatud tuunikalaga.
b) Lisa keedetud riis.
c) Vahusta väikeses tassis sidrunimahl, basiilik, sool ja pipar.
d) Nirista ja sega katteks – ära purusta ube!
e) Ja oletegi valmis, mu sõber.

85. Kartulisalat tuunikalaga

KOOSTISOSAD:
- 5-6 kartulit
- 1 purk tuunikala
- 1 tass majoneesi
- 1 spl oliiviõli
- 2 spl peeneks hakitud talisibulat ja peterselli
- Sidrunimahl (valikuline)
- Sool ja must pipar maitse järgi

JUHISED:
a) Loputage kartulid ja keetke need vees ja soolas.
b) Koorige keedetud kartulid ja lõigake need väikesteks tükkideks.
c) Pane kartulid kaussi ja lisa eelnevalt nõrutatud tuunikala.
d) Lisage majonees, õli, sibul, petersell, sidrunimahl, sool ja pipar maitse järgi.
e) Sega kõik koostisained korralikult läbi, kata kauss kilega ja hoia serveerimiseni külmkapis.

86. Vanamoodne tuunikalasalat

KOOSTISOSAD:
- 1 12 untsi purki heledat tuunikala; jahutatud, hästi nõrutatud
- 1/4 tassi peeneks hakitud sellerit
- 2 supilusikatäit peeneks hakitud talisibul
- 1 spl peeneks hakitud sibulat
- 2 supilusikatäit peeneks hakitud leiva- ja võihapukurki
- 1 supilusikatäis peeneks lõigatud magusaid kornišoneid
- 1 peeneks hakitud kõvaks keedetud muna
- 3 supilusikatäit majoneesi
- 1/3 tl jämedat jahvatatud sinepit
- 1 spl leiva- ja võihapukurgi mahla
- 1 tl värsket sidrunimahla
- 1/4 tl selleri soola
- 1/8 tl värskelt jahvatatud musta pipart
- 1/8 tl kuivatatud tüümiani lehti

JUHISED:
a) Nõruta tuunikala põhjalikult ja purusta kõik tükid.

b) Tükeldage ja segage seller, sibul, sibul, leib ja võikurgid ning magusad kornišonid, kuni need on hästi segunenud.

c) Sega köögiviljasegu tuunikalahelvestega.

d) Lisa kuubikuteks hakitud kõvaks keedetud muna ja vispelda, kuni kõik lisandid on ühtlaselt jaotunud.

e) Sega kausis kõik ülejäänud kastme koostisosad. Maitse ja kohanda maitseaineid.

f) Sega kaste õrnalt tuunikala hulka, kuni salat on hästi segunenud ja homogeenne.

g) Tõsta tihedalt kaetult külmkappi, kuni oled valmis kasutamiseks salatites või võileibades.

87. Risotto riisi salat artišoki, herneste ja tuunikalaga

KOOSTISOSAD:
- 1 tass DeLallo Arborio riisi
- 1 (5,6 untsi) purk imporditud Itaalia tuunikala, mis on pakitud oliiviõlisse, reserveerige õli
- 1 (12 untsi) purk DeLallo marineeritud artišokisüdamed, neljaks lõigatud (vedelik reservi)
- 6 untsi külmutatud rohelisi herneid, sulatatud
- 1 sidruni koor
- 2 spl hakitud basiilikut
- Sool ja pipar

JUHISED:
a) Lase suures potis soolaga maitsestatud vett keema, seejärel lisa risoto. Sega ja küpseta riisi al dente tekstuuri saamiseks umbes 12 minutit.
b) Nõruta riis kurnis ja loputa külma veega, et eemaldada liigne tärklis. Nõruta väga hästi ja tõsta kõrvale jahtuma.
c) Kui risoto on jahtunud, asetage suurde segamisnõusse. Segage tuunikala, artišokid ja herned. Kastme valmistamiseks lisa kindlasti tuunikala õli ja artišokkide marinaad.
d) Sega hulka sidrunikoor ja värske basiilik. Sool ja pipar maitse järgi.
e) Serveeri külmalt.

88. Magus N pähkline tuunikala salat

KOOSTISOSAD:
- 2 supilusikatäit hakitud pekanipähklit, kreeka pähkleid või mandleid
- 10 punast seemneteta viinamarja, neljaks lõigatud
- 2 spl kuubikuteks hakitud punast sibulat
- 1 purk tuunikala
- 1/2 tassi Miracle Whip või majoneesid

JUHISED:
a) Sega kõik koostisosad kokku ja naudi!

89.Tuunikala Mac salat

KOOSTISOSAD:
- 7 oz küünarnukk, keedetud, nõrutatud
- 1/2 tassi hakitud sellerit
- 1/4 tassi hakitud sibulat
- 1/4 tassi hakitud rohelist pipart
- 1-1/2 tassi külmutatud herneste ja porgandite segu, sulatatud
- 1 spl tilli hapukurgi mahla
- 1-1/2 teelusikatäit soola
- 1–6–1/2 untsi tuunikalakonservi, nõrutatud ja helvestatud
- 3/4 tassi võileiva stiilis salatikastet

JUHISED:
a) Sega kausis kaste, seejärel lisa ülejäänud ja sega läbi.

90.Tangy N Tart tuunikala salat

KOOSTISOSAD:
- 3 untsi tuunikala vette pakitud, nõrutatud
- 1 spl kuivatatud magustatud jõhvikaid
- 1/4 selleriribi, peeneks hakitud
- 2 spl rasvavaba Miracle Whip
- 1/2 tl musta pipart
- 1 tl valmistatud sinepit

JUHISED:
a) Kombineerige kõik koostisosad kausis, segage, kuni need on täielikult ühendatud.
b) Serveeri pasta peal, pitas, salatil või wrappides!

91.Madala rasvasisaldusega Itaalia tuunikalasalat

KOOSTISOSAD:
- 1 purk 5 untsi tükk lahjat tuunikala, nõrutatud
- 1 spl palsamiäädikat (maitse järgi)
- 1 tl värsket sidrunimahla
- 1 tl sidrunikoort
- 1 spl kapparid
- Sool ja pipar maitse järgi
- 1 tass salatit, hakitud väiksemateks tükkideks
- 1/2 keskmist tomatit, lõigatud pooleks ja viiludeks
- 1/2 keskmist kurki, kooritud ja viilutatud ning uuesti pooleks lõigatud

JUHISED:
a) Sega tuunikala ja järgmised viis koostisosa.
b) Tõsta lusikaga tuunikalasalat salatile, tomatile ja kurkidele.
c) Sega kõik koostisosad kergelt läbi ja serveeri.

92.Tuunikala spinati salat

KOOSTISOSAD:
- 1 purk valget tuunikala
- 1 kott värskeid spinati lehti
- 1 purk suhkrumaisi
- Valge juust (võib asendada cheddariga)
- 2 värsket tomatit (või kandik kirsstomateid)
- Oliiviõli
- Äädikas
- Sool pipar

JUHISED:
a) Pese spinatilehed ja pane suurde kaussi.
b) Lisa tuunikala, suhkrumais (vedelik eemaldatud).
c) Lisa kuubikuteks lõigatud juust ja neljandikku lõigatud tomatid (kirsstomatite korral lõika pooleks).
d) Lisage sool, äädikas ja oliiviõli (tingimata selles järjekorras).
e) Soovi korral lisa pipart.
f) Võid lisada ka rosinaid ja avokaadot, väga vahemerelist.

93.Tuunikala-pipra pasta salat

KOOSTISOSAD:
- 2 spl rasvavaba tavalist jogurtit
- 2 spl hakitud värsket basiilikut
- 2 spl vett
- 1 1/2 teelusikatäit sidrunimahla
- 1 küüslauguküüs, hakitud
- Värskelt jahvatatud pipar (maitse järgi)
- 2/3 tassi röstitud punast paprikat, tükeldatud ja jagatud
- 1/2 tassi peeneks hakitud punast sibulat
- 4 untsi tükk lahjat tuunikala vees, nõrutatud
- 4 untsi brokoliõisikud, aurutatud kuni krõbedaks ja šokeeritud
- 6 untsi täistera penne, keedetud ja nõrutatud

JUHISED:
a) Kombineeri jogurt, basiilik, vesi, sidrunimahl, küüslauk, sool, pipar ja ülejäänud 1/3 tassi punast paprikat segistis, püreesta ühtlaseks massiks.
b) Viska suures kausis kokku ülejäänud paprika, sibul, tuunikala, brokkoli ja pasta.
c) Lisage piprakaste ja segage hästi. Enne serveerimist jahuta.

94.Tuunikala õunasalat

KOOSTISOSAD:
- 6 untsi tuunikalapurgi vees, hästi kuivendatud
- 1 keskmine Granny Smithi õun, südamikust puhastatud, kooritud ja väga väikesteks tükkideks hakitud
- 1/4 tassi tilli hapukurgi maitset
- 1/8 tl soola
- 8 untsi tavalist jogurtit

JUHISED:
a) Segage kõik koostisosad, seejärel jahutage 2 tundi.
b) Serveeri roheliste peal.

95.Tuunikala avokaado ja 4 oa pasta salat

KOOSTISOSAD:
- 400g purgis tuunikala tükkideks, nõrutatud
- 300g purki 4 oa segu, nõrutatud
- 1 keskmine tomat, tükeldatud
- 1 avokaado, seemnetest puhastatud, kooritud ja jämedalt tükeldatud
- 100 g pastat, keetmata
- 1 väike punane sibul, peeneks hakitud (valikuline)

JUHISED:
a) Keeda potis pasta vastavalt pakendi juhistele, kuni need on pehmed. Kurna pasta ja tõsta kõrvale.

b) Vahepeal valmistage kõik köögiviljad, seejärel segage suures salatikausis kõik koostisosad põhjalikult ja lisage pasta. Sega läbi.

c) Soola ja pipar oma maitse järgi ja serveeri esimesel võimalusel.

96.Tuunikala Orzo salat

KOOSTISOSAD:
- 3 tassi kanapuljongit
- 1 tass orzo
- 1/4 tassi punase veini äädikat
- Sool ja pipar maitse järgi
- 2 (6 untsi) purki oliiviõliga pakitud tuunikala, nõrutatud ja õli reserveeritud
- 1 (15 untsi) purk kurnatud kikerherneid
- 1 tass viinamarjatomateid, viilutatud pooleks
- 1 kollane või punane paprika, tükeldatud
- Pool punast sibulat, peeneks hakitud
- 1/2 tassi värsket basiilikut, hakitud
- 1/2 tassi murendatud fetajuustu

JUHISED:
a) Aja kanapuljong kastrulis keema ja lisa orzo. Küpseta kuni al dente, seejärel nõruta ja lase veidi jahtuda.
b) Maitsesta suures kausis punase veini äädikas soola ja pipraga. Segage, kuni sool lahustub.
c) Klopi tuunikala hulka reserveeritud õli, seejärel lisa keedetud orzo ja sega läbi.
d) Lisage orzo segule kikerherned, viinamarja tomatid, paprika, punane sibul ja basiilik.
e) Tükelda tuunikala ja lisa see koos murendatud fetaga salatile. Segamiseks segage õrnalt.
f) Serveeri tuunikala orzo salatit ja kaaluge veidi palsamiäädika lisamist.

97.Tuunikala tomati ja avokaado salat

KOOSTISOSAD:
- 2 (6 untsi) purki tuunikala
- 1 tomat, seemnetest puhastatud ja kuubikuteks lõigatud
- 2 avokaadot, 1 kuubikuteks lõigatud, 1 püreestatud
- 1 küüslauguküünt
- 1 spl valge veini äädikat
- Natuke Cayenne'i pipart
- Natuke soola
- Natuke musta pipart

JUHISED:
a) Püreesta üks avokaado küüslaugu, äädika, cayenne'i, soola ja musta pipraga.
b) Nõruta tuunikala ja raputa see püree, kuubikuteks lõigatud tomati ja teise kuubikuteks lõigatud avokaadoga.

98.Tuunikala Waldorfi salat õunaga

KOOSTISOSAD:
- 1 purk (5 untsi) valget tuunikala vees
- 1/4 suurt pirni (või õuna)
- 1/4 tassi (1 unts) hakitud kreeka pähkleid, toorelt (soovi korral röstitud)
- 1/4 tassi punast sibulat, tükeldatud
- 2 spl madala rasvasisaldusega majoneesi
- 1 spl sidrunimahla
- 2 salatilehte serveerimiseks

JUHISED:
a) Nõruta tuunikala.
b) Haki sibul, pirn (või õun) ja kreeka pähklid.
c) Sega majonees ja sidrunimahl.
d) Kombineerige kõik koostisosad kausis ja segage hästi.
e) Enne serveerimist jahuta salat ja serveeri salatilehel.

99.Tuunikala ja kikerhernesalat Pestoga

KOOSTISOSAD:
- 2 purki (igaüks 15,5 untsi) kikerherneid, jämedalt hakitud
- 1 purk (12 untsi) röstitud punast paprikat, nõrutatud ja õhukesteks viiludeks
- 24 musta oliivi, kivideta ja jämedalt tükeldatud
- 2 varssellerit, paksult viilutatud
- 3 purki (igaüks 6 untsi) tuunikala, nõrutatud
- 5 spl poest ostetud pestot
- 1/2 tl koššersoola
- 1/4 tl musta pipart

JUHISED:
a) Sega suures kausis kikerherned, punased paprikad, oliivid, seller, tuunikala, pesto, sool ja must pipar.
b) Sega koostisained kokku. See on kõik!

100. Ziti tuunikala salat

KOOSTISOSAD:
- 3/4 naela ziti või muu pasta
- 1 purk tuunikala, nõrutatud ja püreestatud
- Rohelised ja mustad oliivid, maitse järgi
- 1 punane paprika, tükeldatud
- 4 spl oliiviõli
- 1 spl valget äädikat
- 2 kõvaks keedetud muna, neljaks lõigatud
- 1 suur tomat, viilutatud

JUHISED:
a) Keeda pasta, nõruta ja jahuta.
b) Sega tuunikala, oliivid ja punane pipar.
c) Sega hulka pasta ning lisa õli ja äädikas.
d) Tõsta vaagnale koos munade ja tomatiga.

KOKKUVÕTE

Kui lõpetame oma maitseka teekonna läbi "ÜLIMAALSED TUUNIKALA SALATID", loodame, et olete kogenud rõõmu lihtsa roa muutmisest kulinaarseks meistriteoseks. Iga retsept nendel lehtedel tähistab mitmekülgsust, loovust ja maitsvat maitset, mida on võimalik saavutada kvaliteetse tuunikala ja vähese kulinaarse kujutlusvõimega.

Olenemata sellest, kas olete nautinud Vahemerest inspireeritud loomingut, nautinud Kaug-Ida maitseid või võtnud omaks südamlikud ja valgurikkad variatsioonid, usume, et need 100 retsepti on avanud teie silmad tuunikalasalati võimaluste maailmale. . Lisaks koostisosadele ja tehnikatele võib kõrgendatud tuunikala salatite idee saada inspiratsiooniallikaks, muutes teie köögi leidlike ja maitsvate loomingute keskuseks.

Kui jätkate tuunikalasalati mitmekesise maailma avastamist, võib "ÜLIMAALSED TUUNIKALA SALATID" olla teie usaldusväärne kaaslane, kes juhendab teid erinevate erakordsete valikute vahel, mis toovad teie lauale põnevust ja maitset. Siin on tuunikalasalati kunst uuesti määratlemiseks ja 100 erakordse loomingu nautimiseks, mis tõstavad teie maitseid ja kulinaarseid elamusi!

www.ingramcontent.com/pod-product-compliance
Lightning Source LLC
Chambersburg PA
CBHW071906110526
44591CB00011B/1566